LA
BONNE AVENTURE

PAR

EUGNEÈ SUE.

5

PARIS.
MICHEL LÉVY FRÈRES, LIBRAIRES-ÉDITEURS
RUE VIVIENNE, 2 bis.

1851

LA
BONNE AVENTURE.

En vente chez les mêmes Éditeurs.

PORTRAITS POLITIQUES
ET
RÉVOLUTIONNAIRES,
PAR
CUVILLIER-FLEURY.
1 volume grand in-18. — Prix : 3 francs.

SCÈNES DE LA BOHÊME,
PAR
HENRY MURGER.
2ᵉ édition. — 1 volume grand in-18. — Prix : 3 francs.

THÉATRE COMPLET
DE
F. PONSARD.
1 beau volume grand in-18. — Prix : 3 francs.

SCÈNES DE LA VIE DE JEUNESSE,
PAR
HENRY MURGER.
2ᵉ édition. — 1 beau volume grand in-18. — Prix : 3 francs.

CONFESSIONS D'UN OUVRIER,
PAR
ÉMILE SOUVESTRE.
1 volume grand in-18. — Prix : 2 francs.

UN PHILOSOPHE SOUS LES TOITS,
PAR
ÉMILE SOUVESTRE.
2ᵉ édition. — 1 volume grand in-18. — Prix : 2 francs.

Paris. — Imprimerie de madame veuve Dondey-Dupré, 46, rue Saint-Louis, au Marais.

LA
BONNE AVENTURE

PAR

EUGÈNE SUE.

5

PARIS.
MICHEL LÉVY FRÈRES, LIBRAIRES-ÉDITEURS
RUE VIVIENNE, 2 bis.

1851

I

A la fin de la journée de chasse dont nous avons parlé, Anatole Ducormier, conduisant la calèche dans laquelle sa femme se trouvait alors seule, rentrait à l'hôtel du ministre de France à Bade, élégante et splendide résidence; des gens d'écurie vinrent se mettre à la tête des chevaux, et reconduisirent aux communs la voiture dont madame Ducormier descendit en s'appuyant sur le bras de son mari. Plusieurs valets de pied en grande livrée, portant sur leurs boutons les *armoiries* de M. Ducormier, surmontées d'une couronne de *comte*, formèrent la haie sur le passage de leur maître ; des valets de chambre en noir, réunis dans un salon d'attente, se levèrent aussi respectueusement à l'approche d'Anatole ; celui-ci, s'arrêtant alors, dit à l'un de ses serviteurs :

— Où est Robert ?

(Robert était le maître d'hôtel de M. le ministre de France.)

— Monsieur le comte, Robert est dans la salle à manger.

— Faites-le venir.

— Robert parut. Anatole lui dit :

— Recommandez bien à Richard (Richard était le chef des cuisines de M. le ministre de France), recommandez bien à Richard de veiller avec le plus grand soin au dîner, et d'être prêt à servir à sept heures très précises ; c'est l'heure à laquelle se met ordinairement à table *monseigneur le prince royal de* P***.

Le maître d'hôtel s'inclina.

— N'oubliez pas surtout, — reprit Ducormier, — de placer un sucrier à côté de la carafe d'eau glacée de Son Altesse Royale, qui ne boit que de l'eau sucrée.

— Je n'avais pas oublié les ordres de monsieur le comte, — répondit le maître d'hôtel, — je viens de placer moi-même le sucrier.

Ces recommandations données, Anatole entra avec sa femme dans un salon voisin ; dès qu'elle fut seule avec son mari, madame Ducormier lui dit :

— Il n'est que cinq heures et demie ; veuillez vous habiller le plus promptement possible pour le dîner ; vous viendrez me retrouver au salon, j'ai à causer longuement et sérieusement avec vous, monsieur, avant l'arrivée du prince.

Ces mots furent prononcés par madame Ducormier d'un ton si impérieux, si sec, qu'Anatole resta ébahi; jamais jusqu'alors sa femme ne lui avait ainsi parlé; il allait lui en témoigner son étonnement, mais madame Ducormier ne lui laissa pas le temps de répondre et disparut.

Environ une heure après cet incident, madame la comtesse Ducormier, en toilette de soirée à la fois élégante et simple, et surtout séyant parfaitement à son âge, attendait son mari chez elle. C'était une femme pâle et brune de quarante ans environ, d'une taille mince et d'une tournure distinguée; ses traits conservaient les traces d'une ancienne beauté; ses bandeaux de cheveux, d'un noir de jais, cachaient à demi son front saillant; l'expression de sa physionomie était alors soucieuse et amère; le battement parfois fréquent de son petit pied annonçait autant d'impatience que d'irritation contenue.

Bientôt Ducormier entra dans le salon ; il venait de s'habiller pour le soir avec goût et recherche ; une chaînette d'or, passée d'une boutonnière à l'autre de l'un des revers de son habit, tenait suspendus les insignes de plusieurs ordres ; de plus, il portait au cou un large ruban bleu à liserés blancs, soutenant une grande croix d'or à cinq pointes, émaillée de rouge et surmontée d'une couronne.

Anatole s'avança vers sa femme l'air dégagé, souriant, et, lui prenant la main pour la baiser, lui dit :

— Me voici à vos ordres, ma chère Josépha.

Mais madame Ducormier, retirant vivement sa main de celle d'Anatole, lui montra un fauteuil et lui dit sèchement :

— Asseyez-vous, monsieur, et causons.

— Soit, causons, ma chère, répondit Ducormier en s'asseyant avec une indifférence affectée, mais tâchant de lire au plus profond du cœur de sa femme, qui, nous l'avons dit, ne lui avait jamais jusqu'alors parlé de ce ton impérieux et fâché.

— Monsieur, — reprit Joséplia après un moment de silence, — ni vous ni moi n'avons, vous le savez, fait un mariage d'amour.

— Dieu merci! ma chère; c'est une garantie de plus pour le repos et le bonheur de notre vie.

— Je l'ai cru, monsieur... Mais aujourd'hui, je crains de m'être trompée.

— De vous être trompée! Comment cela, ma chère?

— Monsieur, lorsque je vous ai connu à Naples, j'étais sur le point de me marier avec un de vos compatriotes, M. le duc de Villemur...

— Mariage d'orgueil. Votre unique but était de vous entendre appeler *madame la duchesse*.

— C'est la vérité. Je ne vous l'ai pas ca-

chée. Mais comme vous êtes très pénétrant, monsieur, cinq ou six jours après, vous vous êtes fait présenter chez moi ; vous m'avez dit ceci, rappelez-vous-le bien : — « Madame,
« vous êtes dévorée d'ambition ; veuve d'un
« des plus riches banquiers de Naples, jus-
« qu'ici les honneurs de la cour, l'entrée des
« salons de l'aristocratie, ont eu pour vous
« l'irrésistible attrait du fruit défendu. »

Ducormier, très surpris de cet appel à ses souvenirs, et ne voyant pas encore où tendait sa femme, reprit :

—Permettez-moi de vous aider, ma chère Josépha, dans cette revue du passé, puisqu'elle semble en ce moment avoir pou vous quelque intérêt : Oui, je vous ai dit cela, et j'ai même ajouté : « Vous voulez,

« madame, épouser le duc de Villemur pour
« être duchesse et vous voir enfin admise
« dans ce monde où vous brûlez de prendre
« place. Agissez-vous sagement, au point de
« vue de votre vanité ? Je ne le crois pas.
« Voici pourquoi : le duc de Villemur est
« stupide, vous l'avouez sans peine ; il s'est,
« de plus, ruiné le plus sottement du
« monde ; il n'a donc que son nom à vous
« offrir. Vous serez duchesse, soit ! mais ce
« titre vous donnera-t-il la moindre consis-
« tance personnelle ? Non. Ces vives jouis-
« sances d'orgueil après lesquelles vous sou-
« pirez, ce titre vous les procurera-t-il ? Pas
« davantage. Loin de là, vous ne trouverez
« dans ce mariage qu'humiliations et décep-
« tions ; *humiliations*, car la complète nullité
« de votre mari l'empêchera toujours de

« vous faire accepter et respecter comme
« devrait l'être la femme qui porte son nom;
« *déceptions,* parce que le duc de Villemur,
« qui n'est bon et apte à rien, mangera pro-
« bablement votre grande fortune aussi sot-
« tement qu'il a mangé la sienne. De sorte
« qu'au lieu de trouver auprès de lui la sa-
« tisfaction de votre immense vanité, vous
« ne trouverez que ruine, ridicule et décon-
« sidération. » Vous ai-je ainsi parlé, oui
« ou non, ma chère Josépha.

— Telles ont été, en effet, vos paroles,
monsieur; mais il m'importe de vous rappeler aussi que vous avez ajouté : « Ce que
« vous voulez, n'est-ce pas, madame, c'est
« une position qui vous assure vos entrées
« à la cour, aux ambassades, dans le grand

« monde, ces paradis enviés de toutes les
« bourgeoises? Voulez-vous être admise
« dans la meilleure et la plus haute com-
« pagnie, non par tolérance, ou même par
« bienveillance, mais, ce qui vaut mieux, de
« par le droit que vous donnera votre ma-
« riage ; voulez-vous, en un mot, connaître
« toutes les jouissances de l'orgueil? Epou-
« sez-moi ; oui, madame, épousez-moi ;
« unissons mon savoir-faire à votre grande
« fortune, et aussitôt mariés je vous pré-
« sente à la cour du roi de Naples, selon
« mon droit de secrétaire d'ambassade.
« Avant six mois, grâce à vos grands biens,
« à mon intelligence, et à la puissante pro-
« tection de mon vénéré protecteur, le
« prince de Morsenne, vous êtes comtesse ;
« avant un an, femme d'un ministre de

« France dans une cour d'Allemagne ou d'I-
« talie, dans deux ou trois ans femme d'un
« ambassadeur, et plus tard, qui sait, peut-
« être la femme d'un ministre des affaires
« étrangères, président du conseil. » —
Telles ont été vos paroles, monsieur, — continua madame Ducormier. Votre audacieuse assurance, votre incroyable confiance en vous devaient me paraître insensées, il n'en fut rien. J'ai souvent un instinct très juste des situations et des caractères; aussi, je vous ai cru, j'ai rompu le mariage projeté. Six semaines après notre première entrevue, nous étions mariés.

— Eh bien! ma chère Josépha, avez-vous eu tort de me croire? N'êtes-vous pas comtesse, femme du ministre de France à Baden, et si parfaitement considérée, qu'aujourd'hui même monseigneur le prince royal de P*** vient dîner chez vous ? Voyons, franchement, croyez-vous que votre imbécille de duc de Villemur vous eût donné cette position ? Ne suis-je pas en outre si ménager de notre fortune que, tout en ayant la meilleure maison de Bade, nous sommes encore loin de dépenser nos revenus ? En vérité, ma chère, cet appel au passé, dont je ne comprends pas le but, devrait du moins vous dérider, car il vous prouve que j'ai religieusement accompli toutes mes promesses ; aussi, je suis de plus en plus surpris de cet accueil si étrange, si nouveau pour moi.

— Ce qui est non moins étrange, non moins nouveau pour moi, monsieur, c'est de me voir avilie, ridiculisée, après avoir été partout justement considérée.

— Avilie, ridiculisée, vous! reprit Ducormier. — Que je meure si je comprends un mot à ceci!

Madame Ducormier sourit avec amertume, et reprit d'un ton glacial :

— Vous êtes, monsieur, un homme d'une si rare habileté, que vos succès diplomatiques ne m'étonnent pas; ainsi, tout autre que vous, surtout doué comme vous l'êtes, c'est-à-dire jeune, spirituel, aimable et d'une charmante figure; tout autre que vous, dis-je, songeant à m'épouser pour mes richesses, eût commis la faute irréparable d'essayer de me séduire en simulant un amour

passionné, sachant que les femmes de mon âge se laissent presque toujours prendre à ce faux-semblant. Vous étiez trop merveilleusement fin pour faire une pareille école ; votre pénétration est grande, et vous avez deviné que l'aveu de votre *amour*, à vous homme de vingt-six ans, pour une femme de quarante ans, m'eût fait pitié, et que vous auriez été à jamais perdu à mes yeux ; aussi, avec une hardiesse et une sûreté de jugement qui m'ont donné la mesure de votre valeur réelle, m'avez-vous dit : « Vous êtes,
« madame, orgueilleuse et riche, je suis
« pauvre et ambitieux, marions-nous, et
« nous satisferons largement, vous, à votre
« orgueil, moi, à mon ambition. »

— Eh bien, encore une fois, votre orgueil

et mon ambition n'ont-ils pas été largement satisfaits? s'écria Ducormier. — N'allez-vous pas me reprocher maintenant d'avoir deviné que vous étiez une femme de trop de bon sens, de trop d'esprit pour vous laisser prendre à des soupirs amoureux... De grâce, ma chère, encore une fois, où voulez-vous en venir avec cette évocation du passé?

— Je vous rappelle le passé, monsieur, parce qu'il contraste cruellement avec le présent. Une dernière citation, la plus importante de toutes, vous le prouvera.

— Voyons cette citation, ma chère.

— Lorsque nous parlions de nos projets de mariage, ne m'avez-vous pas dit : — « Je

« vais aborder, madame, la plus délicate
« de toutes les questions avec ma franchise
« ordinaire ; ma jeunesse doit vous inspirer
« des craintes ; vous devez vous dire : A son
« âge, mon mari aura des maîtresses, le
« scandale s'en suivra, et moi qui aurai
« cherché dans cette union des jouissances
« d'orgueil et d'amour-propre, je n'y trou-
« verai qu'humiliation et ridicule... »

— Certes, ma chère Josépha, je vous ai parlé ainsi ; mais n'ai-je pas ajouté que jeune encore, mais ayant *aimé* de très bonne heure et beaucoup aimé, j'étais complètement blasé sur les amourettes ; que pour ces plaisirs-là, j'avais cinquante ans, n'ayant plus au monde qu'une seule passion qui nous était commune : une orgueilleuse ambition ? En un mot, ne vous ai-je pas juré que jamais vous ne connaîtriez la pénible position d'une femme dont le mari fait scandale par ses liaisons compromettantes ? Eh bien ! franchement, ai-je manqué à ma parole ? ai-je commis la moindre légèreté, la moindre inconséquence ? Et en cela, ma chère, je jure Dieu que je ne vous fais pas le moindre sacrifice.

Madame Ducormier regarda fixement Anatole, puis lui dit :

— Et la comtesse Mimeska ?

— La comtesse ! — s'écria Ducormier d'un air profondément surpris ; — vous seriez jalouse de la comtesse !

— Je croyais, monsieur, vous avoir donné jusqu'ici assez de preuves de mon bon sens pour n'être pas exposée à m'entendre dire qu'à mon âge je suis jalouse d'une jeune et charmante femme.

— Permettez, Josépha, je...

— Je ne suis jalouse que d'une chose, monsieur, de ma dignité, de mon amour-propre, si vous le préférez, — répondit madame Ducormier en interrompant Anatole. — Peu m'importe que vous ayez des maîtresses en secret; mais je ne souffrirai pas, non, je ne souffrirai jamais que vous me fassiez jouer un rôle ridicule. Je ne permettrai pas surtout que vous compromettiez, que vous perdiez peut-être notre position par des inconvénients déplorables. Vous êtes ministre de France auprès de cette cour un peu rigoriste ; vous êtes par conséquent tenu à une grande réserve. Il est donc du plus mauvais goût, et, je vous le répète, il est surtout du plus grand danger pour votre avenir diplomatique, d'afficher publiquement vos prétentions aux bonnes grâces de la comtesse Mimeska, comme vous l'avez fait aujourd'hui ; oui, monsieur, car lorsque nous sommes descendus de voiture au pavillon de la forêt pour ce goûter de chasse, vos empressements affectés pour la comtesse, vos chuchottements continuels avec elle, ont presque fait scandale... En un mot, monsieur, la mesure est comble, dépassée ; aussi il m'est impossible de garder plus longtemps le silence.

Ducormier, après avoir voulu, mais en

vain, interrompre sa femme, la laissa parler; puis il reprit en souriant et tendant la main à Josepha :

— Ma chère amie, j'ai eu tort, je l'avoue.

— Cet aveu ne répare rien, monsieur.

— Permettez, ma chère, je n'ai pas eu le tort que vous me supposez, mais un autre que vous ne soupçonnez pas.

— Expliquez-vous alors.

— Plus d'une fois, n'est-ce pas, ma chère Joséphia, dans nos rêves d'ambition, en parlant du succès de mes efforts pour capter la bienveillance du prince royal, nous avons songé que ce serait pour nous un coup de fortune inespérée que d'obtenir peut-être prochainement l'ambassade de P*** ?

— En effet, monsieur, c'eût été là un beau rêve; vous aviez manœuvré avec votre habileté ordinaire afin de circonvenir le prince royal; vous aviez réussi; il vous témoigne le plus vif intérêt, et c'est dans une occurrence si favorable que vous risquez de compromettre l'avenir par vos extravagances? Tenez, monsieur, je vous ai cru longtemps un homme d'une trempe peu commune, c'était une erreur; vous savez mieux que personne ruser, flatter, séduire, mais vous manquerez toujours de cette inflexibilité de conduite qui seule mène aux grandes choses de l'ambition.

Ducormier sourit d'un air de doute et reprit :

— Je vous ai avoué un tort que j'ai eu en-

vers vous, ma chère Josépha, ce tort le voici :
Je vous ai caché le véritable, le seul but de
mes assiduités près la comtesse Mimeska.

— Je suis peu crédule, monsieur.

— Croyez à la vérité, rien de plus. Savez-vous, ma chère, quel était depuis longtemps l'amant de la comtesse Mimeska, lorsqu'elle a quitté Vienne il y a un mois ?

— Je me suis, monsieur, peu inquiétée des amants de la comtesse.

— Heureusement, ma chère, j'ai été plus curieux que vous. Or, l'amant de madame Mimeska était le baron de Herder, l'âme damnée du prince de Metternich, son confident intime, très souvent même son conseiller.

— Et que me fait cela, monsieur ?

— Cela fait, ma chère, que la comtesse Mimeska peut, sans le savoir, nous ouvrir à deux battants la porte de l'ambassade de France à B***.

— Ceci, monsieur, est probablement une plaisanterie.

— Je ne plaisante jamais avec l'ambition, ma chère. En deux mots, voici l'histoire : Le cabinet de B*** a le plus grand intérêt à savoir la secrète et véritable résolution de l'Autriche, au sujet de certaines éventualités relatives aux duchés de Schleswig. Plus d'une fois, le prince royal m'a entretenu de cette affaire, regrettant beaucoup les vaines tentatives de la diplomatie de son pays pour pénétrer la pensée du prince de Metternich à l'endroit de ces duchés. Évidemment sa pensée est connue de son conseiller habituel, le baron de Herder. Celui-ci doit arriver sous très peu de jours à Bade pour y rejoindre la comtesse Mimeska dont il est fou, dont il est idolâtre, à qui enfin il dit tout, même les affaires d'état les plus délicates. Comprenez-vous maintenant ?

— En admettant, monsieur, que ceci ne soit pas une fable destinée à donner un prétexte à vos assiduités auprès de madame Mimeska, je trouve que rien n'est plus absurde que de compromettre si évidemment la comtesse, au moment où M. de Herder va arriver à Bade. Est-il, en un mot, rien de plus maladroit que d'exciter la jalousie, la colère des gens, alors que l'on a besoin de tout son empire sur eux pour en tirer quelque secret important? Car si vous dites vrai, monsieur, c'est là, j'imagine, le rôle que madame Mimeska doit jouer pour vous servir auprès du baron de Herder?

— Précisément, ma chère; seulement :
Comme on connaît les... BARONS... *on les honore.*

La comtesse sait son M. de Herder sur le bout du doigt ; aussi voici ce qui est arrivé : Instruit de sa liaison avec M. de Herder, et des conséquences que cette liaison pouvait avoir pour mes projets, j'ai recherché la comtesse, vous priant même de l'accueillir chez vous avec une distinction particulière...

— Ce que j'ai eu la naïveté de faire, monsieur.

— En cette occasion, ma chère, cette naïveté-là était le comble de l'adresse ; vous allez en juger : Il y a quinze jours, ici, dans votre salon, je tâchais d'amener madame Mimeska à certaines confidences sur M. de Herder ; voici ce qu'elle m'a répondu :
« Mon cher comte, vous voulez savoir quel-
« que chose de moi sur une affaire diploma-
« tique qui vous intéresse ; si je puis, je vous
« renseignerai ; mais *service pour service* :
« faites-moi la cour et compromettez-moi
« le plus possible jusqu'à l'arrivée du baron
« de Herder. »

— Et vous me croyez assez sotte, monsieur, — s'écria madame Ducormier, —

pour ajouter foi à une pareille fable ?

— Je vous crois, ma chère, une femme d'infiniment d'esprit, et pour vous le prouver, je continue : La comtesse, malgré son air étourdi et ses manières évaporées, est une petite femme de beaucoup de tête, de beaucoup de bon sens, et fine comme l'ambre. Voici le raisonnement qu'elle m'a fait, vous en reconnaîtrez la justesse, je dirai même la profondeur ; seulement, vous m'excuserez, ma chère, de répéter des choses si embarrassantes pour ma modestie.

— Voyons, monsieur, — reprit madame Ducormier, cédant malgré elle à l'accent de sincérité d'Anatole, — voyons le profond raisonnement de madame Mimeska !

— Le voici, ma chère : — « M. de Herder

« m'aime passionnément, et sa passion aug-
« mente de jour en jour, » — m'a dit cette
singulière petite femme. — « Savez-vous
« pourquoi, mon cher comte? Parce que j'ai
« toujours trouvé moyen de paraître lui
« faire les sacrifices les plus flatteurs pour
« sa vanité. Le baron est un de ces hommes
« blasés qui n'aiment une femme qu'en pro-
« portion de l'impression, de l'effet qu'elle
« produit sur autrui. En un mot, leur amour-
« propre s'exalte et triomphe d'autant plus,
« que leur maîtresse est courtisée, recher-
« chée, admirée, désirée davantage par des
« rivaux redoutables, c'est-à-dire char-
« mants, mais qui, bien entendu, doivent
« être rebutés et sacrifiés; or, mon cher
« comte, je ne vois ici personne de plus ai-
« mable et de mieux posé que vous à offrir

« à ce cher baron, en manière d'holocauste,
« lors de sa prochaine arrivée; faites-moi
« donc une cour compromettante, enragée;
« M. de Herder en sera instruit (il a des amis
« partout), il hâtera sa venue, et me voyant
« alors vous délaisser pour lui, sa passion
« deviendra du délire, car, entre nous, ja-
« mais de sa vie il n'aura joui d'un pareil
« succès, les *sacrifiés* de votre sorte étant
« rares, mon cher comte; mon empire sur
« M. de Herder redoublera, et rien ne me
« sera plus facile alors que d'obtenir de lui
« la confidence dont vous avez besoin, car
« plus d'une fois il m'a spontanément con-
« fié les affaires politiques les plus graves.
« Voyez, mon cher comte, si l'arrangement
« vous convient. » J'ai donc accepté l'arrangement, — continua Ducormier en souriant.

— Madame Mimeska est d'ailleurs si loyale à sa manière, qu'en interrogeant minutieusement ses souvenirs au sujet de plusieurs de ses entretiens avec le baron, j'ai déjà quelques précieuses données. Maintenant, si la comtesse, comme je n'en doute pas, tient sa parole à l'arrivée de M. de Herder, et tire adroitement de lui le secret qu'il me faut, je le livre aussitôt au prince royal. Jugez alors, ma chère, dans quelle excellente position cela nous met auprès de S. A. R.; quel espoir nous pouvons fonder sur ces paroles du prince plus d'une fois répétées : « *Il faut espérer, monsieur le comte, que nous nous reverrons quelque jour à B****. » Or, un ambassadeur spécialement désigné et désiré par la cour auprès de laquelle il doit résider a de grandes chances d'être accrédité près d'elle.

Eh bien! ma chère Josépha, avais-je tort de vous dire que peut-être la comtesse ferait de vous une *ambassadrice?* Ai-je enfin besoin d'ajouter que pour obtenir cette ambassade, j'aurai, d'un autre côté, de nouveau recours à la toute-puissante influence de mon vénérable et excellent protecteur, M. le prince de Morsenne, dont l'appui ne m'a jamais manqué? Plus d'une fois ne m'avez-vous pas dit :
— « Vraiment, on croirait, Anatole, que « vous avez un talisman pour tout obtenir de « M. de Morsenne! » Un mot encore, ma chère Josépha, — ajouta Ducormier en voyant qu'il avait peu à peu porté la conviction dans l'esprit de sa femme. — Franchement, pensez-vous que si j'avais voulu avoir madame Mimeska pour maîtresse, j'aurais été assez *jeune* pour lui faire si évidemment la cour?

Croyez-vous qu'elle-même, une fine mouche, et qui, pour mille raisons, tient beaucoup à M. de Herder, ne se fût pas entendue avec moi pour envelopper notre liaison de mystère, chose facile pour des gens aussi *usagés* que la comtesse et moi ?

Madame Ducormier allait répondre à son mari, en lui tendant la main en signe de confiance et de pardon, lorsqu'un valet de chambre ouvrit les deux battants de la porte du salon et annonça :

— *Monsieur le duc et madame la duchesse de* Spinola.

Au regard et au demi-sourire que madame Ducormier adressa à son mari au moment où celui-ci allait au devant de ses convives, il était facile de voir qu'Anatole avait complètement rassuré et persuadé sa femme. En effet, il disait vrai, du moins quant au côté politique de sa convention avec la jolie comtesse. Quant à la question amoureuse, la maîtresse de M. de Herder semblait si *usagée*, comme disait Ducormier, et il était lui-même un tel modèle d'hypocrisie, de mensonge et de perversité, que de moins sceptiques que madame Ducormier auraient pu douter de la pureté des relations d'un pareil couple.

Le valet de chambre de la comtesse Ducormier annonça successivement :

— *Son Excellence le marquis de* Pallavicini.

— *Monsieur le prince et madame la princesse de* Lowestein.

— *Sa Grâce l'amiral* SIR CHARLES HUMPHREY.

— *Monsieur le marquis et madame la marquise de* MONLAVILLE.

— *Son Excellence le duc de* VILLA-RODRIGO.

— *Monsieur le baron et madame la baronne de* LUCENAY.

— *Son Excellence le feld-maréchal prince de* ROTTEMBERG.

— *Leurs Seigneuries lord et lady* BUMBERG.

Et enfin :

— *Monseigneur le prince* ROYAL.

II

Un observateur attentif eût deviné l'enivrement de l'orgueil de Ducormier, sous les dehors de politesse exquise avec laquelle il recevait ses nobles convives.

Malgré son audace, malgré son insolent mépris de toutes les notions du bien et du mal, malgré sa foi fanatique dans cet axiome de ses premiers maîtres en politique : — *le succès justifie tout, — les honnêtes gens sont les habiles, les malhonnêtes sont les maladroits ;* — enfin, malgré la trempe énergique de son caractère, cet homme reculait parfois devant l'énormité même de sa fortune ; il lui fallait, si cela se peut dire, toucher à la réalité pour ne pas se croire le jouet d'un songe.

« — Moi, — pensait-il ce soir-là, — moi,
« Ducormier, le fils d'un petit bourgeois ;
« moi, naguère dans une position si subal-
« terne qu'elle touchait à la domesticité ;
« moi, naguère dédaigné, rongé de fiel et
« d'envie, je reçois aujourd'hui chez moi, à
« ma table, l'élite de l'aristocratie de l'Eu-
« rope et un prince du sang royal ; tout me

« sourit, tout me sert, tout me grandit ; je
« jouis des biens de la terre : richesse, hon-
« neurs, santé, jeunesse, et je ne suis qu'à
« l'entrée de ma carrière. Où serais-je, que
« serais-je, que ferais-je à cette heure, si je
« m'étais laissé prendre à la vertueuse glu
« des niais conseils de ce pauvre Bonaquet,
« au lieu de tenter un intrépide essor vers
« ces éblouissantes régions où je plane et où
« j'espère m'élever encore ! »

. . . .

Ducormier était de ces gens malléables,
pleins de tact, de finesse, qui prennent avec
une merveilleuse facilité les dehors, les habitudes, le langage des personnes parmi
lesquelles ils se trouvent. Placé à une excellente école de savoir-vivre et de savoir-dire,

chez l'ambassadeur de France à Londres, et à Paris chez le prince de Morsenne, il avait, non-seulement acquis et perfectionné ces excellentes manières qui faisaient de lui un homme de la meilleure compagnie, mais toujours profondément observateur, il avait remarqué et étudié dans ces grandes maisons les mille nuances délicates qui constituent l'art si difficile *de recevoir ;* en un mot, d'être agréable à tous, en mesurant pourtant à chacun la courtoisie, l'empressement ou la déférence, selon son rang ou sa position dans le monde.

Pour Ducormier, observer, c'était s'assimiler, s'approprier au besoin le fruit de ses observations. Aussi fit-il avec le meilleur goût les honneurs de son dîner, parfaitement secondé par sa femme, qui, possédée du désir de jouer la grande dame et servie par un tact presque aussi fin que celui de son mari, remplissait à merveille le rôle dont elle s'était éprise.

Anatole employa toutes les séductions, toute la grâce de son esprit et de son adroite flatterie à charmer le prince qu'il recevait, sans pour cela sacrifier les convives moins illustres que la royale altesse; aussi, vers la fin du dîner, le prince, placé à la droite de madame Ducormier, lui dit-il à demi-voix, en souriant :

— Savez-vous, madame la comtesse, que M. le ministre fait mieux que représenter la France ? il la fait aimer.

À ces mots du prince le dialogue suivant s'engagea :

LA COMTESSE DUCORMIER.

Il est facile de se faire aimer, monseigneur, lorsqu'on a le bonheur de s'adresser à des cœurs aussi bienveillants et aussi généreux que celui de Votre Altesse Royale.

LE PRINCE ROYAL.

Généreux? non pas, madame la comtesse. Je suis, au contraire, à cette heure, possédé d'un très vilain défaut.

LA COMTESSE DUCORMIER.

Et lequel, monseigneur?

LE PRINCE ROYAL.

Hélas! madame, je suis envieux.

LA COMTESSE DUCORMIER.

Envieux, vous, monseigneur? Que Votre Altesse Royale me permette de le lui dire, mais, en vérité, cela ne lui est pas permis.

LE PRINCE ROYAL.

Cela est pourtant la vérité, madame. Heureusement pour moi, ce qui me rend peut-être un peu moins coupable, c'est que je n'envie pas tout à fait pour mon compte, mais pour celui de mon gouvernement.

LA COMTESSE DUCORMIER.

Et qui enviez-vous, monseigneur?

LE PRINCE ROYAL.

J'envie mon excellent cousin de Bade, auprès de qui M. le comte votre mari est accrédité. (*S'adressant à Ducormier qui avait à sa droite la princesse de Lowestein et à sa gauche la jeune et belle duchesse de Spinola, et qui s'entretenait tour à tour avec elles.*) — Monsieur le comte, j'avais l'honneur d'entretenir madame la comtesse de l'embarras où je me trouve; j'envie à mon cousin de Bade certaine bonne fortune, et cependant, comme il est de mes amis, il m'en coûterait beaucoup de lui voir perdre ce que je lui envie.

DUCORMIER (*souriant*).

Une bonne fortune monseigneur? En pareille occasion, celui qui envie ardemment est bien près de posséder; car pour les cœurs sincèrement épris, vouloir c'est pouvoir.

LA DUCHESSE DE SPINOLA (*riant*).

Je suis sûre, monsieur le comte, que Son Altesse Royale proteste contre cette affreuse théorie. Si elle était vraie, que deviendrait la vertu ?

DUCORMIER (*à la duchesse et la regardant*).

Mais la vertu resterait ce qu'elle est, imposante et charmante, madame la duchesse; seulement, monseigneur me pardonnera de ne pas attendre sa réponse, et me permettra de compléter ma pensée, qui est celle-ci, madame la duchesse : je crois que souvent en amour, si l'on ne réussit pas, c'est que l'on n'aime pas assez sincèrement.

LE PRINCE ROYAL (*souriant*).

Je n'ose vous dire, madame la duchesse,

si je partage ou non cette *affreuse* théorie (*S'adressant gaîment à Ducormier.*) — Mais vous vous êtes mépris sur ma pensée, monsieur le comte. Ce que j'envie à mon cousin de Bade n'a aucun rapport avec la galanterie, car il est, n'est-ce pas, toutes sortes de bonnes fortunes?

DUCORMIER.

Oui, monseigneur. Ainsi, par exemple, la présence de Votre Altesse Royale au milieu de nous ; ainsi encore pour madame Ducormier et pour moi, l'honneur de recevoir les personnes que nous sommes si heureux de réunir ici, ce sont là d'excellentes bonnes fortunes. Mais Votre Altesse Royale me permettra-t-elle de lui demander ce qu'elle peut envier?

LE PRINCE ROYAL.

Très certainement, monsieur le comte. Mon cousin de Bade a la bonne fortune d'avoir, accrédité près de lui comme représentant d'une grande puissance, un ministre fort distingué, pour qui je ressens tant d'estime et de sympathie... que je voudrais le voir ambassadeur près de mon gouvernement. C'est vous avouer, monsieur le comte, que jugeant des regrets de mon cousin, s'il perd son ministre, par le désir que j'ai de lui enlever cet homme si distingué, je me trouve fort embarrassé, ainsi que j'avais l'honneur de le dire tout à l'heure à madame la comtesse.

DUCORMIER.

Il me semble, monseigneur, que le ministre dont veut bien parler Votre Altesse Royale, a la fois comblé des bontés de Son Altesse le grand-duc de Bade et honoré de votre intérêt, monseigneur, n'aura, lui, que l'embarras du dévoûment ou de la reconnaissance, qu'il s'agisse d'un *avenir* qu'il doit oser à peine espérer, ou du *présent* qui dépasse tous ses vœux.

LE PRINCE ROYAL *(avec bienveillance)*.

En effet, monsieur le comte, je crois comme vous que la personne dont nous parlons saura suffire à tout, être agréable à tous. Mais pardon, mesdames, de parler ainsi devant vous en énigmes... bien que celle-ci soit, je pense, assez facile à deviner.

LA DUCHESSE DE SPINOLA (*regardant Ducormier avec un gracieux sourire*).

En effet, monseigneur. Et si je ne me trompe, le mot de cette énigme pourrait bien être... MÉRITE ET MODESTIE.

LE PRINCE ROYAL (*regardant Ducormier*).

Il est impossible de deviner plus juste, madame la duchesse.

LE FELD-MARÉCHAL PRINCE DE ROTTEMBERG.

La modestie! quelle chose rare de nos jours, où le dernier étudiant de nos universités d'Allemagne s'érige en réformateur de l'Etat.

LE MARQUIS PALLAVICINI.

Et dans notre pauvre Italie, où le moindre bavard d'avocat s'imagine de jouer à l'homme politique !

LE DUC DE CIUDAD-RODRIGO.

Ah ! mon cher marquis, les avocats espagnols valent au moins comme peste les avocats italiens !

LE MARQUIS DE MONLAVILLE.

Pardon, messieurs ; mais à ce point de vue, nos radicaux français ne le cèdent à personne.

DUCORMIER.

Jamais, en effet, plus insupportables bavards n'ont mis plus de mauvaise foi et de mauvaises paroles au service des plus mauvaises passions. Envieux et impuissants, violents et mal élevés, ils se figurent, parce qu'ils couchent dans des mansardes, dînent à quinze sous le cachet, ont des bottes crottées et les mains sales (pardon, mesdames, c'est l'*histoire naturelle* de l'espèce), ils se croient en droit de blasphémer ce qui a été vénéré depuis des siècles! d'attaquer, d'injurier la royauté, la religion, la famille, la propriété, l'aristocratie! L'aristocratie, ces classes d'élite, qui représentent les nations dans leur plus brillante essence. L'aristocratie, cette glorieuse histoire vivante des illustrations des grands peuples!! La religion, ce frein salutaire, seul assez puissant pour dompter la populace et la conduire soumise et résignée, de son berceau à sa tombe, à travers d'inévitables misères!! La royauté, ce magnifique couronnement de tout gouvernement stable; l'admirable clef de voûte de toute nation civilisée. Oui, messieurs, vous avez raison; en Allemagne, en Italie, en Espagne, en France, un tas de gens de rien, jaloux et haineux, s'agitent dans les bas-fonds de la société, tâchent d'ameuter une stupide et sauvage populace contre les rois, contre les aristocraties, contre les prêtres! Mais ces coureurs de popularité n'inspirent que dégoût et pitié aux hommes sérieux de tous les pays. Seulement, lorsque ces bavards deviennent par trop insolents, on vous les coffre bel et bien sous les verrous, et là, ils réfléchissent à loisir aux inconvénients de ce beau rôle de révolutionnaire, intéressante catégorie de dupes ou de fripons.

LE PRINCE ROYAL.

Ah! monsieur le comte, puissent les gouvernants de votre pays, ces illustres hommes d'État dont vous avez si justement la sympathie et dont vous parlez si bien le langage ferme et sensé, enrayer le char de la France sur la pente fatale des révolutions! Il y va du salut de l'Europe, des rois et de ces brillantes aristocraties que vous appréciez si noblement et auxquelles vous êtes digne d'appartenir.

DUCORMIER.

Je leur appartiens du moins, monseigneur, par mon admiration pour leurs rares vertus, par mon respect pour leurs droits sacrés, par mon dévoûment à leur glorieuse cause. Mais, que Votre Altesse Royale me permette de le lui dire, je ne partage pas ses craintes au sujet d'une poignée de mauvais drôles, jaloux et affamés. Ces bavards-là ne sont pas faits, Dieu merci! pour épouvanter l'Europe. Ce sont de ces espèces très criardes, mais encore plus couardes, que l'on fait prestement regrimper dans leurs mansardes ou se cacher dans leurs tanières à grands coups d'étrivières. Non, non, que chaque Etat ait, pour la populace des villes, une police active et impitoyable, appuyée par de bons bataillons, par de bons escadrons; et pour la populace des campagnes des prêtres intelligents, tout dévoués à l'aristocratie; alors, je défie les agitateurs, les révolutionnaires d'Europe d'oser bouger de leurs trous, à moins que ce ne soit pour être pendus, haut et court, comme en Gallicie. Malheureusement les potences n'étaient pas assez hautes. Il aurait fallu que ces redoutables planètes de l'ordre fussent visibles de tous les bouges révolutionnaires de l'Europe, car, à défaut de croyance, les agitateurs ont une horreur d'instinct pour la potence.

LE FELD-MARÉCHAL PRINCE DE ROTTEMBERG (*riant aux éclats*).

Ce que dit M. le comte est parfaitement juste... Dans la dernière révolte de Gallicie, l'on n'imagine pas comme ces misérables-là regimbaient à l'idée de la potence! A les en croire, il eût fallu les fusiller; mais nos braves Croates gardaient leur plomb pour de plus dignes sujets !

LE PRINCE DE LOWESTEIN.

Je partage tout-à-fait les hautes et excellentes idées politiques de M. le comte Ducormier. Aussi, entrant dans ses vues, je dirai, parodiant le célèbre mot de l'infâme Danton : De la rigueur, de la rigueur, et toujours de la rigueur !

LE DUC DE CIUDAD-RODRIGO.

Puissiez-vous avoir raison, cher prince, car nous vivons dans des temps bien difficiles !...

LE MARQUIS PALLAVICINI.

La démoralisation fait d'effrayants progrès.

LORD BUMBERG.

Le nombre des crimes augmente d'une manière incroyable, et, selon moi, les tribunaux criminels sont le véritable thermomètre des mœurs des États.

DUCORMIER.

Ce que dit Votre Grâce est profondément vrai. Oui, milord, les tribunaux sont à bien dire, le critérium de la société.

LA PRINCESSE DE LOWESTEIN.

A propos de tribunaux criminels, Votre Altesse Royale a-t-elle entendu parler d'un terrible procès qui en ce moment occupe tout Paris ?

LE PRINCE ROYAL.

Non, madame la princesse. Il s'agit sans

doute de l'un de ces crimes effrayants dont parlait tout-à-l'heure lord Bumberg.

LA PRINCESSE DE LOWESTEIN.

Oui, monseigneur. Le baron de Spor, que j'ai vu ce matin, et qui arrive de Paris, m'a dit que le triste mais puissant intérêt qui s'est jadis attaché aux fameux procès de M. de Laroncière et de madame Lafarge entre autres, ne serait rien auprès de la curiosité mêlée de terreur que doit inspirer celui-ci. Les débats ont dû commencer avant-hier, à ce que m'a dit M. de Spor, et il a eu l'excellente idée de me faire adresser ici un journal judiciaire de Paris, appelé l'*Observateur des Tribunaux*, qui rendra compte du procès jour par jour.

LA BARONNE DE LUCENAY.

Ayant quitté la France depuis quelque temps, madame de Monlaville et moi, nous entendons pour la première fois parler de ce procès.

DUCORMIER.

Et quels sont les faits dont il s'agit? Le sait-on, madame la princesse?

LA PRINCESSE DE LOWESTEIN.

M. de Spor ne m'a que très imparfaitement renseignée, monsieur le comte. Je sais seulement que la victime appartient à l'une des plus grandes maisons de France, une jeune femme d'une rare beauté.

LE PRINCE ROYAL.

La victime! Mais c'est donc un assassinat?

LA PRINCESSE DE LOWESTEIN.

Oui, monseigneur, un horrible empoisonnement.

LA COMTESSE DUCORMIER.

Ah! c'est affreux! Et cette malheureuse jeune femme a donc succombé, madame la princesse?

LA PRINCESSE DE LOWESTEIN.

D'après ce que m'a dit M. de Spor, elle est dans un état désespéré.

DUCORMIER.

Et l'auteur de ce crime odieux, le connaît-on, madame ?

LA PRINCESSE DE LOWESTEIN.

Toujours d'après M. de Spor, on accuse de ce forfait deux femmes, deux monstres d'hypocrisie et de scélératesse.

LE PRINCE ROYAL.

Des femmes commettre un pareil crime ! Ah ! vous avez raison, madame, c'est doublement horrible. Ce sera là un de ces procès tristement célèbres qui excitent à la fois la terreur et la curiosité. Et les débats, dites-vous, madame, ont dû commencer avant-hier? Avec quel intérêt ils ont dû être suivis.

LA PRINCESSE DE LOWESTEIN.

Si Votre Altesse Royale voulait me le permettre, je serais trop heureuse de mettre à sa disposition, aussitôt que je l'aurai reçu, le journal qui arrivera demain matin, et dans lequel se trouvera la première séance de ce procès.

LE PRINCE ROYAL.

Mille grâces de votre obligeance, madame la princesse ; je ne veux pas en abuser ; seulement comme nous tous *buveurs d'eau*, qui sommes ici, nous nous réunissons habituellement le matin au Pavillon de la Source, nous vous serions très obligés, madame, si,

en venant au Pavillon, vous preniez la peine
d'apporter ce journal; quelqu'un le lirait à
haute voix, et tous nous assisterions, pour
ainsi dire, à la première séance du procès,
séance toujours si intéressante, en cela
qu'elle contient, je crois, l'*acte d'accusation*,
où tous les faits sont racontés.

La proposition du prince, qui satisfaisait
la vive curiosité des convives de Ducormier,
fut accueillie à merveille, et l'on quitta la
table en se donnant rendez-vous pour le lendemain, dans l'un des salons du Pavillon de
la Source, où les habitués des eaux de Bade
se réunissaient le matin.

III

III

Le lendemain matin du jour où le prince royal avait dîné chez Anatole Ducormier en nombreuse et brillante compagnie, la même société se trouvait réunie au Pavillon de la Source, ainsi qu'on en était convenu la veille. Bientôt madame la princesse de Lowestein remit le journal des tribunaux si impatiemment attendu à un aide-de-camp du prince royal, que celui-ci avait chargé de cette intéressante lecture. Anatole et sa femme arrivèrent les derniers. Le prince de Prusse les accueillit comme toujours, avec une distinction particulière, et engagea Ducormier à rester près de lui.

Les femmes s'assirent en cercle, les hommes se tinrent derrière elle ; un profond silence s'établit. Le colonel Butler (aide-de-camp du prince) s'assit devant une petite table où se trouvait le verre d'eau sucrée de rigueur, et commença ainsi la lecture du journal judiciaire, au milieu d'une vive attention.

OBSERVATEUR DES TRIBUNAUX.

COUR D'ASSISES DE LA SEINE.

Présidence de M. Masson.

Audience du 5 septembre 1840.

« Paris et la France viennent d'être tenus pendant un mois dans une attente qu'il a été donné à peu de drames judiciaires d'exciter à un aussi haut degré; nous n'avons pas besoin de longs développements pour démontrer que le procès qui commence aujourd'hui réclame la première place parmi les pages les plus intéressantes que le palais puisse jamais fournir à *l'Observateur des Tribunaux*.

« Depuis deux mois, l'instruction de ce procès, incroyable par les faits, presque énigmatique par le but, mais plein d'affliction pour l'une des plus grandes et des plus illustres familles de France, s'élaborait en silence, lorsqu'il y a peu de jours quelques fragments de l'acte d'accusation furent indiscrètement lancés dans le public; un soulèvement électrique de toutes les classes de la société contre l'énormité de l'attentat éclata d'un bout de la France à l'autre; telle fut à Paris l'influence de l'acte d'accusation, quoique incomplètement connu, qu'avant le jugement l'arrêt de condamnation se formulait dans les esprits les plus indulgents, l'on assurait même que la principale accusée verrait le barreau, qui de lui-même tend ordinairement la main aux prévenus, reculer cette fois devant une défense regardée d'avance comme impuissante.

« Ces craintes se sont réalisées. Telle était la monstruosité de l'attentat et la position que s'était faite la principale accusée par ses aveux mêlés de réticences inexplicables, qu'aucun avocat n'a voulu se charger de sa triste cause. M. le président a été obligé de désigner à l'accusée un défenseur d'office. »

LE PRINCE ROYAL *(interrompant la lecture.)*

Il faut, en effet, que le crime de l'accusée

soit évident à tous les yeux pour qu'elle ne trouve pas un défenseur. Qu'en pensez-vous, monsieur le comte ?

DUCORMIER.

Je crois, en effet, monseigneur, que ces exemples sont extrêmement rares dans nos procédures, car le proverbe dit qu'il n'est pas de si mauvaise cause qu'elle ne trouve un avocat.

LA DUCHESSE DE SPINOLA.

J'avoue, monseigneur, que le début de ce journal excite l'intérêt au dernier point.

LE PRINCE ROYAL.

Aussi, mesdames, je vous demande pardon d'avoir un instant interrompu cette lec-

ture. (*Faisant un signe à son aide de camp*) : —
Veuillez continuer, colonel Butler.

L'aide de camp reprit ainsi :

« La curiosité, l'émotion du public a redoublé, lorsque l'on a su que la victime de ce crime épouvantable, quoiqu'elle lutte contre une mort qu'on dit prochaine, aurait peut-être le courage de se faire transporter à l'une des premières audiences, pour obéir aux désirs du tribunal et y comparaître entourée de tous les membres de son illustre famille, qui se porte partie civile.

« Ce matin les débats ont commencé ; de mémoire d'homme on n'avait vu pareille affluence au palais ; dès six heures du matin, plus de cent personnes, parmi lesquelles se trouvent une soixante d'avocats qui n'ont pu trouver de billets de faveur, se pressaient dans la galerie qui conduit à la cour d'assises; à neuf heures cette foule se prolongeait jusqu'à la salle des Pas-Perdus; un poste tout entier de gardes municipaux suffisait à peine à la contenir. A neuf heures et demie, les portes intérieures de la salle sont ouvertes aux personnes munies d'assignations ou de billets délivrés par M. le président (plus de quatre mille demandes lui ont été adressées, dit-on). La diplomatie, la chambre des pairs, la chambre des députés, la noblesse, la robe et la finance, ont sollicité cette faveur; il y a eu bien des requêtes formées, peu d'exaucées; on assure que M. le premier président lui-même a été refusé il y a trois jours.

« Toutes les places étant occupées, on étouffe, on s'écrase dans les couloirs, et les divers escaliers qui conduisent aux portes d'entrée sont obstrués.

« Plusieurs banquettes ont été spécialement réservées pour le barreau ; l'enceinte qui borde le bureau de la cour est réservée pour la famille de la victime et pour son mari, qui se porte partie civile. Derrière la cour, des chaises sont placées pour les magistrats ; on y aperçoit MM. Rocher, Gilbert des Voysins, conseillers à la cour de cassation, de Herain, de Bastard, Jacquinot-Godard, Lefèvre, Pécourt, Champanet, Naudin, Boucly, Nouguier, Didelot, etc.

« On remarque aussi, sur des siéges derrière la cour, M. de S***, pair de France,

S. E. M. le ministre plénipotentiaire de Suède, M. le général G***, MM. de T***, de la R***, de G***, M. le comte d'A***, directeur de la banque. Ce dernier n'arrive à sa place de haute faveur qu'après les plus grands efforts; il reste pendant dix minutes confondu avec les témoins et entouré de deux sergents de ville et de trois gardes municipaux; on le voit à la porte de la dernière enceinte, parlementant avec un municipal, lui déclinant ses qualités présentes, se recommandant du souvenir de son autorité passée; le garde municipal reste inflexible et continue de refuser l'entrée à l'ex-ministre de l'intérieur. Cependant un huissier vient tirer d'embarras M. le comte d'A***, qui raconte en riant sa petite mésaventure à M. de S***.

« Un grand nombre de dames garnissent

les bancs qui leur sont destinés dans l'enceinte intérieure ; au milieu d'elles, on nous indique madame la duchesse de Valaincourt, madame la comtesse de Brévanne, madame la princesse Soltikoff, madame la baronne de Robersac, madame la vicomtesse de Mareuil, et autres dames appartenant au plus grand monde.

« A dix heures, on voit se garnir le banc réservé à la famille de la partie civile ; M. le duc de Beaupertuis, mari de la victime, entre le premier. »

(A ce moment, la lecture du journal est interrompue par une exclamation de surprise et d'effroi qu'Anatole Ducormier ne peut retenir : il devient livide, et est obligé de s'appuyer au dossier du fauteuil de la duchesse de Spinola, placée devant lui. Quelques femmes se lèvent ; tous les regards se tournent vers Anatole, auprès de qui madame Ducormier accourt aussitôt...)

LE PRINCE ROYAL (*avec intérêt à Ducormier*).

Mon Dieu, monsieur le comte, vous pâlissez, vous pouvez à peine vous soutenir.

LA COMTESSE DUCORMIER (*à son mari*).

De grâce, mon ami, qu'avez-vous ?

DUCORMIER (*d'une voix altérée*).

Pardon, monseigneur, de cette émotion insurmontable ; vous la comprendrez, vous l'excuserez lorsque vous saurez que madame la duchesse de Beaupertuis est la fille de M.

le prince de Morsenne, mon protecteur, l'homme excellent à qui je dois ma carrière inespérée.

LE PRINCE ROYAL (*avec émotion*).

Ah! maintenant je regrette ma curiosité.

LE PRINCE DE LOWESTEIN.

Et moi, monseigneur, je regrette aussi vivement d'avoir fait naître cette curiosité.

MADAME DUCORMIER (*à son mari*).

Venez, mon ami. Son Altesse Royale voudra bien vous excuser de ne pas assister à une lecture qui sous tant de rapports vous serait si pénible.

LE PRINCE ROYAL.

Je vous en conjure, madame, emmenez ce cher comte. Il doit cruellement souffrir : je connais son cœur.

DUCORMIER (*avec effort*).

Monseigneur, j'aurai maintenant le courage d'entendre la suite de ce procès.

LE PRINCE ROYAL.

Mon cher comte, y pensez-vous? c'est de la dernière imprudence, c'est vous exposer sans raison aux émotions les plus poignantes.

DUCORMIER.

Hélas! je m'y attends, monseigneur. Mais

maintenant que je sais qu'il s'agit de la fille de mon bienfaiteur, j'ai hâte plus que personne ici de connaître tous les détails de cet événement pour moi si horrible, si inattendu.

LE PRINCE ROYAL (*serrant cordialement la main de Ducormier.*)

Je conçois votre désir, il est courageux. Mais vous allez subir là, mon pauvre comte, une cruelle épreuve. (S'adressant à son aide de camp.) Continuez, je vous prie, colonel Butler.

(Anatole tombe accablé sur un siége placé près de lui, cache son visage entre ses deux mains, et la lecture recommence ainsi au milieu de la vive émotion causée par cet incident.)

« A dix heures on voit se garnir les bancs réservés à la famille de la partie civile, M. le duc de Beaupertuis, mari de la victime, entre le premier ; à côté de lui se placent madame la princesse de Morsenne, dont il est le gendre, et madame la marquise de Baudricourt, M. le duc et madame la duchesse de Morainval, M. le marquis de Vatpré, M. le maréchal prince de Lugano, tous parents de M. le duc et de madame la duchesse de Beaupertuis.

« Un petit incident cause quelque tumulte bientôt apaisé. Un monsieur d'une tournure juvénile, quoique d'un certain âge, avait donné le bras à madame la princesse de Morsenne, mère de la victime, et se disposait à entrer aussi dans l'enceinte réservée aux parents, lorsque l'huissier lui demande son nom.

« Nous entendons ce monsieur répondre :

« — Je m'appelle le chevalier de Saint-Merry.

« — Pardon, monsieur, — dit l'huissier en consultant sa liste, — mais je ne vois pas votre nom inscrit comme parent.

« — Si je ne suis pas parent, — répond avec hauteur et impatience M. de Saint-Merry en voulant forcer le passage, — je suis ami intime de la famille de Beaupertuis.

« — Vous ne pouvez entrer, monsieur,

dans cette enceinte, — reprend l'huissier, — et je vous prie de vous retirer.

« —Monsieur m'accompagne, — dit alors à haute voix madame la princesse de Morsenne à l'huissier ; puis, faisant signe à ce monsieur, elle lui dit : — Venez, venez, chevalier.

« Madame la princesse, qui paraît ignorer les usages du tribunal, va prendre le bras de M. le chevalier et le fait asseoir auprès d'elle ; l'audiencier n'ose sans doute pas s'opposer à cette infraction, soit par déférence au désir de la grande dame, soit par respect pour sa douleur (madame la princesse est la mère de la victime), et la légère rumeur causée par cet incident s'apaise bientôt.

« Au centre de l'enceinte réservée aux parents de la victime, on voit un grand fauteuil vide destiné à la recevoir, si son état, que l'on dit désespéré, permet qu'on la transporte à l'audience.

« Les avocats de la partie civile, deux princes du barreau, M⁹ Rousseau et M⁹ Cornuel, se sont fait assister dans cette cause importante par deux jeunes confrères : M⁹ Rousseau est assisté par M⁹ Dubreuil ; M⁹ Cornuel par M⁹ Justin.

« Les défenseurs de la principale accusée et de sa complice, M. Dumont et M. Louville (le premier a été nommé d'office par M. le président), sont aux bancs de la défense.

« A dix heures la cour entre en séance et

occupe ses siéges. MM. les jurés sont ensuite introduits et prennent leur place habituelle.

« *M. le président.* — Je recommande le plus profond silence ; faites entrer les accusées.

« Un mouvement universel de curiosité éclate dans l'auditoire. C'est avec la plus grande peine que les deux accusées, conduites par des gardes municipaux, peuvent arriver jusqu'au banc des criminels.

« De toutes parts on entend s'écrier : — Assis ! en place ! — Plusieurs dames placées sur les dernières banquettes sont montées sur leurs siéges pour tâcher d'apercevoir les prévenues.

« Cette attente est en partie trompée,

grâce au voile qui couvre presque complètement la figure des deux accusées; elles tiennent leur tête baissée, le bas de leur visage est caché dans leur mouchoir.

« La principale accusée est coiffée d'une capote de crêpe blanc assez fraîche; elle porte une robe de soie couleur raisin de Corinthe et un châle bleu à palmettes; sa complice porte des vêtements de deuil qui attestent de longs services.

« *M. Merville, substitut de M. le procureur général.* — Attendu la longueur présumée des débats, nous requérons l'adjonction de deux jurés suppléants et d'un magistrat assesseur.

« *M. le président (aux avocats).* — La défense s'y oppose-t-elle ?

« M⁰ *Dumont.* — Non, monsieur le président.

« *M. le président.* — La cour fait droit aux réquisitions du ministère public. Première accusée, levez-vous.

« *L'accusée se lève brusquement.*

« *M. le président.* — Quels sont vos noms et prénoms ?

« *L'accusée (d'une voix brève).* — Joséphine Maria Clermont, femme Fauveau.

« *M. le Président.* — Votre âge ?

« *L'accusée.* — Vingt-cinq ans et deux mois.

« *M. le président.* — Le lieu de votre naissance ?

« *L'accusée.* — Paris.

« *M. le Président.* — Votre profession ?

« *L'accusée.* — J'étais marchande de gants et de parfumerie.

« *M. le président.* — Où demeuriez-vous lors de votre arrestation ?

« *L'accusée.* — A l'hôtel de Morsenne.

« *M. le président.* — Asseyez-vous.

« L'accusée Maria Fauveau, dont nous n'avons pu jusqu'alors distinguer complètement les traits, a répondu à toutes les précédentes questions d'une voix brève, saccadée. Plusieurs fois elle a souri d'un air sardonique, ce qui a paru causer une fâcheuse impression dans l'auditoire et surtout sur les bancs de la partie civile, où se trouvent M. le duc de Beaupertuis, sa belle-mère et sa famille.

« Madame la princesse de Morsenne, mère de la victime, a porté son mouchoir à ses yeux durant l'interrogatoire de l'accusée. Tandis que M. le duc de Beaupertuis détournait les yeux avec horreur, un de ses parents semble lui adresser des consolations.

« *M. le président.* — Seconde accusée, levez-vous.

« Cette accusée paraît si faible, si tremblante, qu'elle est obligée de s'appuyer sur le bras d'un garde municipal pour se lever de son banc; elle porte son mouchoir à ses yeux et l'on entend ses sanglots étouffés.

« *M. le président.* — Quels sont vos nom et prénoms ?

« *L'accusée* répond d'une voix si faible que sa réponse ne parvient pas jusqu'au tribunal.

« *M. le président à l'accusée.* — Tâchez de parler plus intelligiblement. Quels sont vos nom et prénoms ?

« *L'accusée* (*avec effort*). — Eulalie-Clémence Duval.

« *M. le président.* — Votre âge ?

« *L'accusée.* — Vingt et un ans.

« *M. le président.* — Le lieu de votre naissance ?

« *L'accusée (d'une voix de plus en plus altérée).* — La ville de Metz.

« *M. le président.* — Votre profession ?

« L'accusée, dont l'émotion est à son comble, ne peut supporter plus longtemps cet interrogatoire, elle retombe sur son banc, dans un tel état de faiblesse, que son avocat est obligé de lui faire respirer des sels dont il s'est probablement muni d'avance.

« L'audience reste suspendue pendant quelques instants; la principale accusée semble prendre un vif intérêt à la position de sa complice, et lui prodigue ses soins avec effusion.

« Pendant la durée de cet incident, les deux accusées ne peuvent s'entourer des mêmes précautions qui, jusqu'alors, avaient en partie dérobé leurs traits à la curiosité publique, et l'on peut alors parfaitement les distinguer.

« La première des prévenues, Maria Fauveau, quoique sa figure soit très pâle et très fatiguée, est l'une des plus jolies femmes que l'on puisse rencontrer. De superbe cheveux noirs, disposés en bandeaux, encadrent son front et font ressortir l'éblouissante blancheur de son teint; l'on peut remarquer que sa taille est aussi svelte qu'élégante car son châle tombe de ses épaules dans l'empressement qu'elle met à secourir sa complice; malheureusement le charmant visage de Maria Fauveau est pour ainsi dire déparé par le regard de ses grands yeux noirs qui semble parfois égaré; de plus, une sorte de contraction nerveuse des lèvres donne à la bouche de l'accusée une expression sardonique et méchante, alors même qu'elle prodigue ses soins à sa complice.

« Celle-ci, la fille Clémence Duval, malgré l'excessive maigreur de ses traits, a conservé les traces d'une rare beauté; aussi, en voyant ses grands yeux d'un bleu d'azur, ses longs cheveux blonds et le caractère presque angélique de cette physionomie douce et souffrante, il est pénible de se souvenir de faits irrécusables, d'accablantes présomptions qui ne permettent pas de douter que la belle Clémence Duval ne soit coupable d'un crime odieux et probablement complice du monstrueux forfait pour lequel la femme Maria Fauveau est amenée devant la cour d'assises.

« Au bout de quelques instants, grâce aux soins dont elle est entourée, la fille Clémence Duval se trouve en état de répondre aux questions de M. le président.

« Le calme se rétablit et l'interrogatoire continue.

« *M. le président à l'accusée.* — Je vous ai demandé qu'elle était votre profession lorsque vous avez été arrêtée.

« *L'accusée.* — Je tâchais de vivre de mon travail.

« *M. le président à l'accusée.* — Où demeuriez-vous lors de votre arrestation ?

« *L'accusée.* — Rue de la Bienfaisance, n° 5 ; j'occupais là un cabinet garni.

« *M. le président à l'accusée.* — Asseyez-vous.

« (La fille Clémence Duval retombe sur son banc et cache sa figure dans son mouchoir.)

« *M. le président.* — Je n'ai pas besoin de rappeler aux conseils des accusées qu'ils ne peuvent rien dire contre leur conscience ou contre le respect dû aux lois, et qu'ils doivent s'exprimer avec décence et modération.

« Les deux défenseurs s'inclinent respectueusement.

« M. le président se lève et se découvre ; la cour l'imite, ainsi que messieurs les jurés, à qui M. le président lit la formule suivante :

« Messieurs, vous jurez et promettez devant Dieu et devant les hommes d'examiner avec l'attention la plus scrupuleuse les charges qui sont portées contre la femme Maria Fauveau et contre la fille Clémence Duval ; de ne trahir ni les intérêts des accusées ni ceux de la société qui les accuse ; de ne communiquer avec personne jusqu'après votre déclaration, de n'écouter ni la haine, ni la méchanceté, ni la crainte, ni l'affection ; de vous décider d'après les charges et les moyens de défense, suivant votre conscience et votre intime conviction, avec l'impartialité et la fermeté qui conviennent à un homme probe et libre.

« Après cette allocution, faite d'un ton imposant et solennel par M. le président, on procède à l'appel nominal de MM. les jurés : tour à tour ils étendent la main et prêtent serment en disant : Je le jure.

« *M. le président aux accusées.* — Soyez attentives à l'acte d'accusation, dont le greffier va donner lecture à la cour.

« (Mouvement prolongé dans toute la salle.)

« *M. le président.* — Je recommande au public le plus grand silence ; j'avertis, en outre, que tout signe, soit d'approbation, soit d'improbation, est expressément défendu ; je serais obligé de faire sortir les personnes qui troubleraient l'ordre. (Un profond silence s'établit.)

« M. le greffier lit l'arrêt de renvoi suivant.

« Le procureur général près la cour royale
« de Paris expose que, par arrêt du 8 juillet
« dernier, la cour a ordonné la mise en ac-
« cusation et le renvoi devant la cour d'as-
« sises de la Seine, pour y être jugées con-
« formément à la loi, de :

« 1° Joséphine-Maria Clermont, femme
« Fauveau, âgée de vingt-cinq ans et deux

« mois, née à Paris, et ayant exercé la pro-
« fession de marchande de gants et de par-
« fumerie.

« 2° Eulalie-Clémence Duval, célibataire,
« âgée de vingt-et-un ans, née à Metz, sans
« profession, et domiciliée rue de la Bien-
« faisance, n° 5.

« Déclare le procureur général que de
« l'instruction résultent les faits suivants
« contenus dans l'acte d'accusation. »

IV

IV

Le colonel Butler poursuivit ainsi la lecture de l'*Observateur des tribunaux* :

« *M. le président.* Au moment où l'on va donner connaissance au public de l'acte d'accusation, je recommande de nouveau le plus profond silence.

« L'attention redouble.

« Le greffier commence en ces termes l'acte d'accusation :

« Vers la fin du mois d'avril de cette année, madame la duchesse de Beaupertuis eut besoin d'une femme de chambre pour remplacer la fille Désirée Buisson, qui la servait depuis longues années et qui demandait à retourner dans son pays natal. Madame la duchesse avait tant de confiance dans la fille Désirée Buisson, que sur sa pressante recommandation elle voulut bien prendre à son service Maria Fauveau, sœur de lait de Désirée Buisson. La femme Fauveau, après avoir tenu pendant plusieurs années un commerce de ganterie et de parfumerie, était, par suite des mauvaises affaires de son mari, frappé postérieurement d'aliénation mentale, tombée dans un état voisin de l'indigence; elle n'avait jamais été femme de chambre, mais sa sœur de lait répondait de sa moralité, de sa probité, de son intelligence, et surtout de son zèle à remplir des fonctions qui la sauvaient de la misère, elle et sa fille, âgée de six ans. Madame de Beaupertuis, cédant à la fois à la compassion et au désir d'être agréable à son ancienne femme de chambre, dont elle n'avait d'ailleurs qu'à se louer, accepta les services de Maria Fauveau. Madame la duchesse fut d'abord si satisfaite de l'intelligence, de la douceur et de l'activité de sa nouvelle femme de chambre, qu'au bout d'un mois de service les gages de celle-ci furent doublés, et qu'elle reçut même quelques cadeaux de sa généreuse maîtresse.

» Trois mois après l'entrée de Maria Fauveau à l'hôtel de Morsenne, madame la duchesse de Beaupertuis, qui avait jusqu'alors joui d'une excellente santé, tomba peu à peu, et sans cause connue, dans une sorte de langueur qui se changea bientôt en un état maladif de plus en plus alarmant. Les premiers médecins de la Faculté de Paris furent appelés auprès de madame la duchesse, et, malgré l'éminence de leur savoir, ils ne purent d'abord assigner une cause certaine à cette maladie étrange, dont les symptômes les plus frappants étaient ceux-ci (consignés dans l'instruction d'après le rapport de ces célèbres praticiens) :

« Abattement profond, pouls presque nul, défaillances fréquentes, dégoût de tous les aliments, sensibilité nerveuse excessive, besoin absolu de silence et d'obscurité, sensation de froid aux extrémités, somnolence presque continuelle, souvent troublée par des rêves bizarres, du reste aucune impression de douleur; le visage est d'une blancheur mate comme celle de la cire; les yeux, brillant d'un éclat fiévreux, semblent retirés au fond des orbites; la maigreur s'augmente de jour en jour, la soif est inextinguible ; quant au moral, toutes les fois que la malade sort de son état de torpeur habituel, l'esprit est parfaitement libre, la pensée nette, l'expression juste et précise.

« Six semaines se passèrent ainsi. Malgré les soins des médecins, l'état de madame la duchesse, loin de s'améliorer, s'aggravait, et la confiance qu'elle ressentait pour Maria Fauveau semblait s'accroître en raison des soins qu'elle en recevait; madame la duchesse ne voulant, pour ainsi dire, rien accepter que de la main de sa femme de chambre, dont le zèle et l'attachement paraissaient grandir chaque jour.

« Madame la princesse de Morsenne, mère de madame la duchesse, ainsi que son mari M. le duc de Beaupertuis, étaient seuls admis auprès de la malade. M. le duc, qui la veillait quelquefois avec un religieux dévoûment, l'entourant des prévenances les plus tendres, se voyait presque obligé d'imposer ses soins à madame la duchesse, et de résister à ses prières, car elle craignait de voir la santé de M. le duc s'altérer à force de veilles.

« Cette maladie étrange, inexplicable, allait s'empirant, et causait des alarmes croissantes à cette illustre maison, jusqu'alors habituée aux joies pures et saintes que l'on ne trouve que dans la pratique des vertus familiales.

« Une nuit, M. le duc veillait avec son zèle accoutumé au chevet de madame la duchesse; celle-ci était assoupie; Maria Fauveau avait passé toute la nuit précédente auprès de sa maîtresse, et succombant sans doute à la fatigue, elle s'était endormie profondément sur une chaise; son sommeil semblait agité, quelques paroles sans suite s'échappaient de ses lèvres. M. le duc, absorbé par les douloureuses pensées que lui inspirait l'état de sa femme, ne prêta d'abord aucune attention aux exclamations incohérentes de Maria Fauveau, mais bientôt M. le duc l'entendit prononcer ces paroles d'une voix entrecoupée avec une agitation croissante.

« — L'échafaud, c'est mon sort. J'y monterai.

« (A ces mots, la lecture de l'acte d'accusation est interrompue par un mouvement prolongé.)

« *M. le président.* — Je rappelle le public au silence.

« Le greffier continue en ces termes :

« M. le duc, stupéfait, presque épouvanté de ces paroles échappées à Maria Fauveau pendant son sommeil, écoute avec une nouvelle anxiété, et bientôt les mots suivants sortent de la poitrine oppressée de l'accusée :

« — Ma vengeance... la duchesse... ma vengeance... Moi, chez elle !... » (Nouveau mouvement mêlé de murmures d'indignation dans l'auditoire. — L'accusée jette un regard impassible autour d'elle, hausse les épaules, et le sourire sardonique qui lui est habituel contracte ses lèvres plus visiblement encore. — L'espèce de défi jeté par Maria Fauveau à l'indignation de l'auditoire excite de violents murmures ; mais à la voix de M. le président, le calme se rétablit, et le greffier continue en ces termes) :

« A ces effrayantes paroles échappées à Maria Fauveau : « L'échafaud, c'est mon sort... J'y monterai. » Puis : « Ma vengeance... Moi, chez elle !... » M. le duc de Beaupertuis est d'abord frappé de stupeur; il écoute encore, mais les autres paroles de Maria Fauveau deviennent tout à fait inintelligibles. Soudain, un soupçon horrible traverse l'esprit de M. le duc; il songe à l'inexplicable maladie de madame la duchesse; le souvenir d'un récent et trop fameux procès d'empoisonnement lui revient providentiellement à la pensée. Alors, guidé bien plus par l'instinct que par la réflexion, il se lève doucement, profite du profond sommeil où est plongée Maria Fauveau, prend une lumière et se rend dans un grand cabinet attenant à l'appartement de madame la duchesse, et qui servait de chambre à coucher à Maria Fauveau. Là, M. le duc se livre à de minutieuses recherches, et trouve enfin, caché au fond d'une commode, derrière des mouchoirs, un flacon de cristal oblong à demi rempli d'une poudre blanche, qui a été reconnue plus tard pour être un des poisons les plus subtils et les plus dangereux qui existent, l'acétate de morphine.

Explosion de murmures d'indignation et d'horreur dans l'auditoire; l'accusée se lève brusquement sur son banc, fait un geste de dénégation énergique, et semble s'apprêter à parler.)

« *M. le président* (*sévèrement*). — Accusée, asseyez-vous; vous devez entendre en silence l'acte d'accusation.

« Maria Fauveau jette un éclat de rire sardonique, se rasseoit, et parle à voix basse à sa complice, qui semble anéantie. — Une nouvelle et plus violente explosion de murmures accueille l'audacieux éclat de rire de Maria Fauveau, et l'audience est un moment suspendue par suite de cet incident.) »

« Le calme s'étant enfin rétabli dans l'auditoire, grâce aux pressantes invitations de M. le président, le greffier continue ainsi l'acte d'accusation.

« A la découverte de ce poison trouvé chez la femme de chambre de madame la duchesse, M. de Beaupertuis, saisi d'horreur, ne sait d'abord que résoudre, mais bientôt, reprenant son sang-froid, il replace le flacon où il l'a trouvé, court en hâte chez son valet de chambre, qui loge heureusement près de là, et envoie à l'instant ce serviteur chercher M. le commissaire de police. M. de Beaupertuis retourne alors près de madame la duchesse, toujours plongée dans son assoupissement, pendant que Maria Fauveau dort encore d'un profond sommeil. Les premiers regards de M. le duc se jettent sur une théière de porcelaine placée dans un *bain-marie*, et remplie de breuvage peut être empoisonné, car il a été préparé d'avance par Maria Fauveau, et placé par elle sur un guéridon auprès duquel elle s'est endormie.

« M. le duc hésite. Convaincra-t-il à l'instant Maria Fauveau de son crime exécrable, ou attendra-t-il l'arrivée du magistrat? Il se décide à ce dernier parti. Bientôt Maria

Fauveau s'éveille en sursaut, s'excuse auprès de M. le duc d'avoir cédé au sommeil et ainsi manqué l'heure à laquelle elle doit présenter à madame la duchesse la potion accoutumée. Maria Fauveau se dispose à offrir ce breuvage à sa maîtresse toujours assoupie.

« — Attendez un moment, — lui dit M. le duc en parvenant à dissimuler l'horreur qu'il éprouve. — Presque aussitôt le valet de chambre, selon les ordres qu'il a reçus de son maître, frappe, entr'ouvre la porte, et dit à M. le duc que la personne qu'il a demandée est là. Madame la duchesse se trouvait toujours plongée dans un profond assoupissement. M. le duc fait entrer M. le commissaire de police et lui dit, afin de ne pas éveiller les soupçons de Maria Fauveau :

« — *Monsieur le docteur*, ma femme est assoupie, mais j'aurais quelques conseils à vous demander. Puis s'adressant à Maria Fauveau, M. le duc ajouta : — C'est vous qui avez préparé cette potion dans la théière ?

« — Oui, monsieur.

« — Combien de fois en avez-vous donné cette nuit à madame la duchesse ?

« — Trois fois, monsieur.

« — Vous-même, vous seule ?

« — Oui, monsieur, puisque madame la duchesse préfère que ce soit moi qui la serve.

« — Monsieur le docteur, — ajouta M. le duc, — ayez la bonté de prendre cette théière et de m'accompagner; venez aussi, madame Fauveau.

« Lorsque M. le duc, le magistrat et Maria Fauveau furent entrés dans la chambre qu'elle occupait, M. le duc, cédant enfin à une horreur si longtemps et si péniblement contenue...

« (Les sanglots étouffés de M. le duc de Beaupertuis interrompent à cet endroit le greffier et causent une douloureuse impression dans l'auditoire. M. le duc cache dans son mouchoir sa figure baignée de larmes. Madame la princesse de Morsenne et les autres membres de sa famille s'empressent autour de M. de Beaupertuis, dont l'émotion est si vive qu'il est obligé de quitter momentanément l'audience, appuyé sur le bras de ses deux parents. Le calme se rétablit, et le greffier poursuit ainsi sa lecture de l'acte d'accusation) :

« M. le duc de Beaupertuis cédant enfin à une horreur si longtemps et si péniblement contenue, fit à voix basse part de ses soupçons au magistrat, et le pria de conserver la théière remplie de breuvage comme pièce de conviction, et de procéder à l'instant à des recherches dans la chambre de Maria Fauveau.

« Deux agents de sûreté amenés par M. le commissaire furent introduits par l'escalier de service dans la chambre de Maria Fauveau, afin de la contenir au besoin, et en sa présence les perquisitions commencèrent. Le flacon de poison fut trouvé à la place indiquée par M. le duc, et lorsqu'on demanda à Maria Fauveau, qui feignait la plus grande surprise, comment ce flacon se trouvait en sa possession, elle commença par prétendre qu'elle l'ignorait, et comme on lui demandait qui avait pu, sinon elle, placer ce flacon dans sa commode, elle a répondu d'abord qu'elle affirmait ne pas avoir placé là ce flacon, qui fut, ainsi que la théière remplie de breuvage, immédiatement placé sous les scellés par le magistrat. Les perquisitions continuèrent et ont amené la découverte :

« 1° D'un portrait d'enfant, que Maria Fauveau a dit être le portrait de sa fille.

« 2° D'un médaillon renfermant des cheveux noirs et blonds, que Maria Fauveau nous a dit appartenir à sa fille et à son mari.

« 5° De plusieurs lettres ne paraissant pas avoir de rapport avec l'accusation.

4° D'un billet d'une extrême gravité, en cela qu'il semble établir une flagrante complicité dans la perpétration du crime dont Maria est accusée. Ce billet, à elle adressé par la poste, ainsi que le démontre le timbre, est ainsi conçu :

« Quel étrange et triste hasard vous a in-
« troduite ainsi dans la maison de ceux
« qui ont causé tous vos malheurs ! Je n'ai
« pas votre force d'âme, vos projets m'ef-
« fraient pour vous ; mais comptez toujours

« sur ma discrétion, car cette vengeance est
« de celles que je comprends.

« C. D.

« Si vous avez à m'écrire, conservez mon
« adresse : je demeure rue de la Bienfai-
« sance, n. 5. «

« Interrogée sur la signification de ce billet qui venait donner une force accablante à
l'accusation, Maria Fauveau, qui, depuis
l'arrivée du magistrat, semblait plongée
dans une sorte de stupeur, Maria Fauveau a
répondu qu'elle ne pouvait s'expliquer sur
le sens de ce billet, qu'elle ne comprenait
pas pourquoi on la questionnait ainsi, et
qu'elle demandait à retourner à l'instant au-

près de madame la duchesse pour continuer son service.

« Poussé à bout par une si horrible dissimulation, M. le duc de Beaupertuis, ne pouvant retenir son courroux et ses larmes, s'écria :

« — Malheureuse ! retourner auprès de ma femme pour achever de l'empoisonner, n'est-ce pas ?

« Puis il sortit de la chambre en invitant le magistrat à faire son devoir.

« La perquisition étant terminée, M. le commissaire dut signifier à Maria Fauveau qu'il l'arrêtait au nom de la loi et qu'elle eût à le suivre. Celle-ci, qui, malgré la terrible accusation portée contre elle par M. le duc, feignait alors de ne pas comprendre sa position, demanda insolemment de quel droit on l'arrêtait, et où on voulait la conduire. Le magistrat, révolté de tant d'audace, répondit :

« — On va vous conduire où l'on conduit les empoisonneuses.

« A ces mots, Maria Fauveau resta pétrifiée, puis elle s'écria en feignant les égarements d'esprit passagers qu'elle devait plus tard simuler encore :

« — Les empoisonneuses, on les mène à l'échafaud, n'est-ce pas ?

« Oui, — répondit le magistrat, — Quand leur crime est avéré.

« Maria Fauveau partit d'un éclat de rire sardonique, et reprit :

« — C'est cela... l'échafaud... c'était mon sort.

« (Profonde sensation dans l'auditoire.)

« A ce moment l'accusée tomba dans une si violente attaque de nerfs que les deux agents furent obligés de la transporter dans le fiacre qui la conduisit au dépôt de la Préfecture de police, où elle fut écrouée.

« M. le commissaire, ayant apposé les scellés sur les deux portes de la chambre que Maria Fauveau occupait à l'hôtel de Morsenne, se rendit aussitôt avec d'autres agents rue de la Bienfaisance, numéro 5, afin de tâcher d'y découvrir l'auteur du billet précité, seulement signé des initiales C. D.

« Il était environ quatre heures du matin lorsque le magistrat se présenta rue de la Bienfaisance, numéro 5 ; cette maison était un garni de la plus sinistre apparence. M. le commissaire s'étant fait connaître, somma l'hôtesse de ce garni d'exhiber son registre de location. L'examen de ce registre fit connaître que deux des locataires de la maison portaient des noms commençant par la lettre D., l'un nommé *Dermont*, se disant employé, momentanément sans place ; l'autre, nommée la femme Duval, qui nourrissait un tout petit enfant, et qui, selon le rapport de l'hôtesse, était réduite à une telle misère, que, faute d'une nourriture suffisante, son lait était tari depuis quelque temps, et que le lendemain même elle devait être expulsée du cabinet qu'elle occupait, l'hôtesse ne pouvant obtenir le prix de deux mois de location qui lui étaient dus.

« (Pénible sensation dans l'auditoire. Tous les regards se portent avec intérêt sur la seconde accusée, qui tâche avec son mouchoir de dérober ses traits à la curiosité publique.)

« Le greffier poursuit ainsi :

« Interrogée sur la question de savoir si lesdits locataires se trouvaient à ce moment dans la maison, dont les agents gardaient d'ailleurs les issues, l'hôtesse du garni a répondu que le nommé Dermont n'était pas rentré de cette nuit-là, et que la femme Duval était sortie un moment la veille, dans la soirée, afin d'obtenir par charité, d'une fruitière demeurant dans la maison, un peu de lait et de combustible pour réchauffer et substanter son enfant, qui se mourait de froid et de faim ; la fruitière ayant fait cette charité à la femme Duval, celle-ci était remontée chez elle, et depuis n'était pas ressortie.

« Interrogée sur les habitudes du nommé Dermont et de la femme Duval, la maîtresse du garni a répondu que le premier rentrait à des heures indues et parfois ivre, mais qu'il payait exactement ses quinzaines. Quant à la femme Duval, qui d'abord sortait chaque jour pour promener son enfant, depuis quelques semaines elle ne sortait plus, ses vêtements étant en haillons et son enfant malade; du reste, elle ne recevait personne, paraissait d'un caractère doux et tranquille, et avait supplié l'hôtesse du garni de lui procurer quelques ouvrages d'aiguille, n'ayant plus, disait-elle, d'autre ressource pour vivre que son travail. L'hôtesse du garni, malgré sa bonne volonté, n'avait pu, depuis quelque temps, procurer d'ouvrage à la femme Duval, et la voyant, la surveille, près de tomber d'inanition, elle lui avait porté une écuellée de soupe pour elle et son petit enfant.

« Interrogée si la femme Duval avait quelques relations avec une personne demeurant rue de Varennes, à l'hôtel de Morsenne, l'hôtesse du garni a répondu qu'elle l'ignorait.

« Le magistrat ayant demandé à quel étage demeurait la femme Duval, l'hôtesse du garni a répondu qu'elle logeait au cinquième étage, la seconde porte à gauche, dans une espèce de couloir formé par les lambris d'un grenier.

« M. le commissaire, accompagné de ses agents, s'est alors dirigé vers la chambre de la femme Duval...

« (A ce moment, la lecture de l'acte d'accusation est interrompue par un nouvel incident. L'accusée Clémence Duval, pâle, éperdue, tombe à genoux devant son banc, et, à travers des sanglots entrecoupés, elle s'écrie en joignant les mains et s'adressant au tribunal) :

« — Grâce ! grâce ! pour tant de honte ! Oh ! pour le nom de mon père, ne lisez pas, n'achevez pas !

« (Il est impossible de rendre l'impression causée par l'accent déchirant et par l'attitude suppliante de la seconde accusée, dont les traits bouleversés peignent le désespoir et la honte. C'est à grand'peine que son défenseur lui fait comprendre que l'acte d'accusation doit être lu en entier. Maria Fauveau s'efforce aussi de calmer la prévenue, qui, par un brusque mouvement, cachant alors sa figure dans le sein de sa complice, comme pour y trouver un abri contre les regards de l'auditoire, murmure d'une voix défaillante : Oh ! laissez-moi là, par pitié, laissez-moi là ! qu'on ne me voie pas !

« L'émotion est à son comble, plusieurs dames portent leurs mouchoirs à leurs yeux; l'un des gardes municipaux qui avait momentanément quitté la place qu'il occupait entre les deux accusées, s'apprête à les séparer pour reprendre son poste officiel, mais M. le président lui dit avec un accent de commisération qui trouve de nombreux échos dans l'auditoire) :

« — Laissez-les, laissez-les !

« Ce nouvel incident calmé, M. le président s'adressant à l'auditoire :

« — Si vives que soient les émotions du

public, je l'engage à en contenir l'expresion et à garder le plus profond silence.

« (M. le président fait ensuite signe au greffier, qui poursuit en ces termes l'acte d'accusation) :

« M. le commissaire étant arrivé à la porte de la femme Duval, y frappa plusieurs fois sans obtenir de réponse ; force lui fut alors d'envoyer chercher un serrurier qui fit sauter la serrure.

« Une forte odeur de charbon s'échappa soudain de ce cabinet, et un horrible spectacle s'offrit aux yeux du magistrat, ainsi témoin d'un nouveau crime.

« La femme Duval, plongée dans un si profond évanouissement que d'abord on la crut morte, était à peine vêtue de quelques haillons et couchée sur un grabat, tenant étroitement serré entre ses bras le cadavre d'un enfant de huit à neuf mois ; un réchaud de charbon à demi-consumé, les morceaux de papier qui garnissaient hermétiquement les fissures de l'étroite fenêtre en tabatière qui donnait du jour au cabinet, ne laissèrent aucun doute sur le double crime qui venait d'être commis ; une mère impie et dénaturée, non contente d'outrager la loi divine en osant attenter à sa propre vie, avait eu la froide barbarie de tuer son enfant ! car faire partager son suicide à cette innocente créature, n'était-ce pas l'assassiner ?

« (Mouvement d'horreur dans l'auditoire;

tous les regards se portent sur Clémence Duval, qui, continuant de tenir sa tête cachée dans le sein de sa complice, étouffe à grand'peine des sanglots convulsifs.)

« Le premier soin du magistrat, lorsqu'il eut reconnu que la femme Duval respirait encore, — continue le greffier, — fut d'envoyer à l'instant chercher un médecin, afin de s'assurer s'il ne restait aucun espoir de la sauver ; le malheureux enfant avait cessé de vivre ; mais grâce aux soins du médecin, la femme Duval revint peu à peu à la vie, pendant que M. le commissaire procédait à une perquisition dans le cabinet.

« Cette perquisition n'amena d'autre résultat que la découverte de plusieurs paquets de lettres sans signature, dont on parlera ci-après, et de constater l'état de dénuement absolu où se trouvait la femme Duval, que nous appellerons désormais la *fille Duval*, car il demeura bientôt acquis à l'instruction, par plusieurs dépositions et par la lecture des lettres saisies à son domicile, que l'accusée n'était pas mariée, et que le malheureux enfant à qui elle avait ôté la vie était le fruit d'une liaison honteuse avec l'auteur des lettres mentionnées plus haut, conduite d'autant plus déplorables de la part de l'accusée, qu'elle avait été élevée au sein d'une famille des plus recommandables : son père, M. le colonel d'artillerie Duval, s'est fait l'un des noms les plus glorieux de notre brave armée d'Afrique. (*Mouvement prolongé.*) On l'avait cru mort après un héroïque combat; il n'était que prisonnier d'une tribu nomade qui le traînait à sa suite. On négociait son échange il y a près de quinze mois, lorsque les pourparlers furent rompus en suite d'une reprise d'hostilité des Kabyles, et l'on ne sait à cette heure quel est le sort du colonel Duval.

« M. le magistrat, dans sa perquisition chez la fille Duval, trouva une lettre cachetée et placée sur une table ; cette lettre était adressée à madame Fauveau, hôtel de Morsenne, rue de Varennes, et portait ces mots sur l'enveloppe : *A envoyer tout de suite.*

« Il ne restait ainsi nul doute sur l'identité de la fille Clémence Duval avec l'auteur du billet signé *C. D.* trouvé chez la femme

Fauveau. L'on acquérait ainsi une nouvelle preuve des rapports qui existaient entre les deux accusées.

« La lettre de la fille Duval était ainsi conçue :

« Adieu ! vous qui m'avez porté quelque intérêt dans notre communauté de malheur !

« Je meurs vaincue par la misère, par le manque de travail, par la honte de mendier, et par la vue des atroces souffrances de ma pauvre petite fille !

« Depuis plus d'un mois je vis sans feu ni lumière ; ces longues heures d'angoisses passées dans les ténèbres et dans l'insomnie sont horribles ; depuis deux jours, ni mon enfant ni moi, nous n'avons mangé; il y a longtemps que le chagrin et les plus dures privations ont tari mon sein, il y a longtemps aussi que j'ai engagé au Mont-de-Piété ma dernière robe et ma dernière chemise ; je ne puis supporter davantage la honte et le remords de lasser la charité de mes voisines, presque aussi misérables que moi, mais qui ont ce que je n'ai pas, l'habitude de la détresse.

« Ce soir, pour me procurer du charbon sans éveiller les soupçons, j'ai dit à une marchande de la maison, — je ne mentais pas, hélas! — que mon enfant mourait de faim et de froid, et qu'elle le sauverait en me donnant un peu de charbon et de lait. J'ai obtenu ainsi ce qu'il me fallait.

« Je suis rentrée à la nuit tombante. Ma pauvre petite fille, dont j'avais jusqu'alors trompé la faim en approchant de ses lèvres avides et desséchées un chiffon imbibé d'eau, a bu le lait avec avidité. Les gémissements douloureux que lui arrachait le besoin ont un moment cessé, elle m'a souri en me tendant ses petits bras maigres et tremblants de froid, que j'avais tant de fois en vain essayé de réchauffer de mon haleine.

« En voyant ma petite fille me sourire et se reprendre un peu à la vie, j'ai hésité à la faire mourir avec moi. Toute livide et épuisée qu'elle était, elle me paraissait encore si belle! Mais je me suis dit: Elle doit être belle, pauvre et abandonnée, il vaut mieux qu'elle meure sur le sein de sa mère que de mourir un jour, comme moi, de misère, de honte et de chagrin! Orpheline et pauvre, son sort serait aussi affreux que le mien! Et pourtant, moi j'avais un père et une mère adorés. Mon éducation avait été brillante; j'avais toujours vécu, sinon dans le luxe, du moins dans l'aisance; mon cœur était bon, mon âme pure. Vous le savez, Maria, mon seul crime a été de croire à la sainteté d'un serment juré au chevet de ma mère mourante, lorsque sa main déjà glacée mettait dans la mienne la main de celui que j'ai tant aimé... Mon seul crime a été de croire que dès lors je lui appartenais devant Dieu et devant les hommes; ma confiance dans son honneur m'a perdue. Que le ciel lui pardonne!

« Et je laisserais exposée aux mêmes malheurs que les miens ma petite fille orpheline, pauvre, sans appui, livrée à la charité publique ou privée ! Non, non, nous quitterons toutes deux ce monde qu'elle ne connaît, pauvre chère petite créature, que par les souffrances qu'elle a endurées depuis sa naissance. Non, non, ce monde ne fera pas d'elle une nouvelle victime. Je ne le veux pas, je ne le veux pas ! elle n'a déjà été que trop malheureuse !

« La nuit vient, j'y vois à peine assez pour terminer cette lettre... Vous avez aussi une fille que vous adorez, Maria ; vous avez aussi beaucoup souffert : vous comprendrez ma résolution.

« Une dernière grâce. Je connais votre

courage et votre dévouement ; il me serait pénible de mourir avec cette pensée que mon corps et celui de ma petite fille seront brutalement ensevelis par des mains profanes ; en vous suppliant d'accomplir auprès de nous un triste et dernier devoir, je mourrai moins malheureuse, persuadée que vous ne refuserez pas ma prière.

« La nuit vient tout à fait : adieu, une dernière fois adieu ! Cette lettre vous sera portée dès que l'on entrera dans cette chambre.

« Priez pour moi et pour mon enfant !

« CLÉMENCE DUVAL. »

« (La lecture de cette lettre est suivie de

nombreuses marques d'attendrissement ; un grand nombre de dames portent leur mouchoir à leurs yeux ; la principale accusée dit tout bas quelques paroles à sa complice, et semble lui faire part de l'impression générale causée par cette lettre ; mais Clémence Duval est plongée dans un tel état d'abattement, qu'elle paraît à peine entendre les paroles de Maria Fauveau.) »

V

« (Le calme ayant succédé dans l'auditoire à la vive agitation causée par la lecture de la lettre de la fille Duval, le greffier achève en ces termes l'acte d'accusation.)

« La lettre écrite par la fille Duval, au moment de son suicide, ne laissait aucun doute sur le crime d'infanticide commis avec préméditation par l'accusée sur la personne de sa fille.

« Lorsque, grâce aux secours du médecin, elle revint à elle, Clémence Duval ne chercha pas d'ailleurs à nier l'attentat qu'elle avait commis, et la voix de la maternité est toujours si puissante, même chez les natures les plus criminelles, que lorsqu'il s'agit de conduire Clémence Duval en prison et de la séparer ainsi du corps de son enfant, une scène déchirante se passa entre le magistrat et l'accusée; celle-ci, se jetant à genoux, le supplia de lui permettre d'ensevelir elle-même son enfant et de le conduire à l'église, puis au cimetière. M. le commissaire, cédant à un sentiment de pitié, accorda cette triste faveur à Clémence Duval ; malgré son état d'épuisement, elle eut le courage d'accomplir en fondant en larmes la tâche douloureuse qu'elle s'était imposée. (Mouvement prolongé dans l'auditoire.) La proximité de l'établissement des Pompes funèbres (situé rue Miromesnil) permit de hâter l'ensevelissement ; le cercueil de l'enfant fut placé dans un fiacre, où monta Clémence Duval accompagnée de deux agents de sûreté délégués par le magistrat pour la conduire à Saint-Philippe-du-Roule, (église voisine), puis au cimetière Montmartre, et de là faire ensuite écrouer l'accusée au dépôt de la Préfecture de police.

« Après une messe basse dite pour le repos de l'âme de l'enfant, le corps fut conduit au cimetière Montmartre; au moment où le corps allait disparaître dans la fosse commune, Clémence Duval se jeta sur le petit cercueil, le couvrit de larmes et de baisers insensés, et il fallut employer la force pour la séparer du cercueil qu'elle étreignait convulsivement entre ses bras; au sortir du cimetière, la fille Duval fut écrouée au dépôt de la Préfecture de police.

« L'instruction commença. Grâce aux recherches et aux investigations de la justice, l'on parvint à connaître les antécédents des deux accusées.

« Maria Fauveau avait tenu pendant plusieurs années, avec son mari, le nommé Joseph Fauveau, une boutique de ganterie et de parfumerie rue du Bac. Il est de l'impartialité de l'accusation de déclarer que, malgré la beauté de Maria Fauveau, qui lui attirait de nombreux hommages, sa réputation était restée à l'abri de tout soupçon, tant qu'elle a tenu sa boutique de parfumerie. Longtemps les époux Fauveau furent cités dans le quartier comme le modèle des ménages ; cependant, vers le commencement de l'année 1839, Joseph Fauveau, dont la conduite avait été jusqu'alors des plus régulières, s'adonna à l'ivrognerie ; ce vice ignoble le fit bientôt tomber dans un état voisin de l'abrutissement. Selon certaines dépositions, Joseph Fauveau cherchait dans l'ivresse l'oubli de violents chagrins domestiques ; selon d'autres assertions, il s'était seulement abandonné à une passion tardive pour le vin ; mais bientôt, chez ce malheureux, la perte complète de la raison succédant à l'hébétement de l'ivresse, il fut un jour subitement frappé d'aliénation mentale, et depuis il est enfermé à Bicêtre. La déplorable conduite de Joseph Fauveau avait ruiné son commerce ; la modique dot de sa femme, ainsi que les petites économies des parents de celle-ci, furent presque entièrement employées à la liquidation de ses affaires.

« Tant de chagrins portèrent un coup funeste à la santé du père et de la mère de Maria Fauveau, et elle les perdit successivement tous deux. Très peu de temps après que son mari eut été frappé d'aliénation mentale, la femme Fauveau se trouva donc à peu près sans ressources après la mort de ses parents; l'instruction la retrouve habitant un petit logement au faubourg Saint-Antoine, près de la pension où elle avait placé sa fille. L'instruction a encore établi, dans son impartialité, que Maria Fauveau, sur la faible somme qui lui restait de l'héritage de ses parents, les dettes de sn mari payées, avait acquitté quatre années d'avance de la pension de sa fille, ne se réservant que ce qu'il lui fallait pour vivre dans un état voisin du dénûment. Ce fut à cette époque qu'elle retrouva sa sœur de lait, la fille Désirée Buisson, alors première femme de chambre de madame la duchesse de Beaupertuis. Selon l'accusée, la fille Désirée Buisson lui ayant fait part de son intention de quitter le service, Maria Fauveau, se trouvant sans ressources, l'avait suppliée de la recommander à madame la duchesse de Beaupertuis et de la faire agréer par cette dame comme femme de chambre, projet bientôt réalisé. Il a été malheureusement impossible à l'instruction d'établir un débat contradictoire sur ce point si important, à savoir : les vrais motifs pour lesquels la femme Fauveau avait supplié Désirée Buisson de la faire agréer comme femme de chambre par madame de Beaupertuis. La fille Désirée Buisson, après avoir quitté le service de sa maîtresse pour retourner à Calais, son pays natal, n'y avait fait qu'un séjour de peu de temps ; et s'ennuyant bientôt, dit-elle, de son oisiveté, elle était entrée au service d'une riche famille anglaise débarquée à Calais dans un hôtel où était employée la mère de la fille Buisson; celle-ci suivit ses nouveaux maîtres en Italie, où elle est encore probablement à cette heure. Une commission rogatoire adressée à Calais, et une perquisition opérée chez la mère de la fille Désirée Buisson, n'ont amené aucune découverte.

« Lors des interrogatoires qui ont suivi son arrestation, Maria Fauveau a adopté deux systèmes de défense différents.

« D'abord, ainsi que beaucoup d'accusés, elle a feint une sorte d'égarement d'esprit, afin de cacher la véritable cause de son crime; ainsi, lors de ses premiers interrogatoires, M. le juge d'instruction n'a pu obtenir de la prévenue d'autre réponse que celle-ci :

« — Puisqu'on a trouvé du poison dans ma commode, je suis une empoisonneuse; puisque je suis une empoisonneuse, je dois monter sur l'échafaud, et je dois monter sur l'échafaud parce que c'est mon sort. Je ne demande qu'à embrasser ma petite fille avant de mourir.

« Interrogée par M. le juge d'instruction sur ce qu'elle disait que *son sort était d'aller à l'échafaud,* Maria Fauveau répondait en continuant de feindre une passagère insanité d'esprit :

« — Parce que cela devait m'arriver. — Il a été longtemps impossible de faire sortir Maria Fauveau de ce cercle vicieux, évidemment tracé par elle pour dérouter les investigations de la justice ; en vain M. le juge d'instruction lui disait :

« — Prenez bien garde ! en avouant que votre sort est de monter sur l'échafaud, vous avouez implicitement que vous avez mérité cette terrible expiation. »

« Maria Fauveau, continuant à jouer l'égarement répondait :

« — Je n'avoue rien ; je dis seulement que mon sort est de finir sur l'échafaud.

« Et, comme M. le juge d'instruction la pressait de nouveau de questions, à la fin de l'un de ses premiers interrogatoires, qui n'a pas duré moins de cinq heures, elle s'est écriée :

« — Si je vous disais que j'ai empoisonné la duchesse, vous me laisseriez tranquille, n'est-ce pas ? Eh bien ! oui, je l'ai empoisonnée !

« — Ainsi vous avouez le crime ?

« — Oui.

« — Le flacon de poison, vous l'avez caché dans votre commode ?

« — Oui.

« — Et vous avez mêlé de ce poison à tous les breuvages que vous donniez à madame la duchesse ?

« — Oui ! oui ! Maintenant vous voilà content, laissez-moi tranquille et faites-moi couper la tête le plus tôt possible ! (*Mouvement d'horreur dans l'auditoire.*)

« Il a semblé évident aux yeux de l'accusation, que malgré le feint égarement de l'accusée, l'aveu que lui arrachait, sans doute malgré elle, le cri de sa conscience bourrelée, n'en était pas moins accablant. Le lendemain de cet interrogatoire, Maria Fauveau a été atteinte d'une fièvre violente qui l'a retenue près d'un mois au lit. Lors des interrogatoires subséquents, l'accusée a changé de système : elle a opposé une dénégation formelle à ses premiers aveux, prétendant qu'alors elle n'avait pas la tête à elle et qu'elle avait tout avoué pour qu'on la laissât tranquille. Elle a nié avoir donné du poison à sa maîtresse. En vain on lui a représenté les preuves matérielles de son crime : le flacon à demi rempli d'acétate de morphine et trouvé dans sa commode, en vain on lui a lu le procès-verbal des chimistes chargés d'analyser le breuvage que, seule et de son aveu, l'accusée offrait à sa maîtresse (procès-verbal attestant la présence d'une quantité de poison assez considérable trouvée dans la théière), en vain enfin on lui a cité les rapports des médecins de madame de Beaupertuis qui, tout en conservant les plus graves alarmes sur la santé de cette dame, reconnaissent néanmoins (preuve accablante pour l'accusée) qu'il y a eu temps d'arrêt dans la progression du mal depuis l'arrestation de l'accusée.

« Celle-ci persiste donc tantôt à soutenir

qu'elle est étrangère à toute tentative d'empoisonnement, tantôt elle feint de tomber dans son premier égarement et dit qu'elle sait bien qu'elle doit être guillotinée, que rien ne peut la sauver, et qu'elle a hâte d'en finir.

« Enfin, interrogée de nouveau sur le sens accablant de ce billet que la fille Clémence Duval lui a écrit :

« Quel étrange et triste hasard vous a in-
« troduite ainsi dans la maison de ceux qui
« ont causé tous vos malheurs ! Je n'ai pas
« votre force d'âme, vos projets m'effraient;
« mais comptez toujours sur ma discrétion,
« car cette vengeance est de celles que je
« comprends; »

« L'accusée garde un silence obstiné et répond qu'elle ne peut s'expliquer là-dessus; enfin, interrogée si elle avait à faire entendre quelques témoins en sa faveur, l'accusée a répondu qu'elle n'en avait qu'un, qui seul peut-être aurait pu la sauver; mais ce témoin ne se trouvait pas alors à Paris.

« Interrogée sur le nom de ce témoin, l'accusée a nommé M. le docteur Bonaquet, une de nos plus illustres célébrités médicales, qui, en effet, était parti pour un voyage des Pyrénées avec sa femme peu de temps avant le commencement de l'instruction, et qui n'a pu être cité utilement.

« La fille Clémence Duval, interrogée à son tour sur la signification du billet précédent écrit par elle à l'accusée, a d'abord répondu:

« — Ce secret ne m'appartient pas; si Maria

Fauveau donne des explications sur le sens de ce billet, je parlerai ; sinon, je dois me taire.

« Aucune observation, aucune instance n'a pu faire dévier la fille Duval de cette détermination.

« M. le juge d'instruction a cru alors pouvoir lui déclarer que Maria Fauveau était détenue comme prévenue de tentative d'empoisonnement, et que le sens du billet précité, où il était question de l'introduction de Maria Fauveau dans la maison de ceux qui avaient causé ses malheurs, ne s'expliquait que trop par la perpétration d'un crime seulement explicable par l'horrible désir de Maria Fauveau de se venger des malheurs auxquels il était fait allusion dans le billet, crime horrible, auquel l'accusée Clémence Duval ne paraissait pas être étrangère; qu'elle avait donc le plus grand intérêt à éclairer la justice, car si cette complicité était démontrée, elle pouvait entraîner l'application de la peine capitale pour les deux accusées.

« Clémence Duval a répondu alors qu'elle ne croyait pas Maria Fauveau coupable d'un pareil crime; et comme M. le juge d'instruction demandait de nouveau à la fille Duval des explications au sujet des malheurs que Maria Fauveau aurait eu à reprocher à l'illustre famille qui habitait l'hôtel de Morsenne, la fille Duval a déclaré, comme ci-dessus, ne vouloir pas répondre, ajoutant avec amertume qu'elle était lasse de la vie, qn'elle voulait aller rejoindre son enfant, que l'on pouvait faire d'elle ce que l'on voudrait.

« Les antécédents de la fille Clémence Duval sont fâcheux. Moins d'une année après la mort de sa mère, décédée il y a quinze mois, elle a mis au monde l'enfant qu'elle a tué plus tard. Peu de temps avant la naissance de cet enfant, fruit du concubinage, Clémence Duval s'était vue enlever les ressources dont elle vivait et qui consistaient dans le revenu d'une créance hypothécaire; mais le sieur Beauséjour, notaire, condamné depuis pour détournements frauduleux, avait disposé de la somme au lieu de l'employer au placement que l'on croyait fait par ses soins et dont il avait jusqu'alors payé les intérêts supposés, ayant ainsi trompé la confiance de la mère de Clémence Duval, très inexpérimentée dans les affaires.

« Clémence Duval, privée de ces ressources, vendit peu à peu pour vivre et subvenir aux besoins de son enfant le mobilier dont elle avait hérité de sa mère; elle quitta la rue Saint-Louis, au Marais, où elle avait jusqu'alors habité, pour aller se loger dans une maison garnie du quartier du Jardin-des-Plantes. Son état de grossesse avancée, et quelques semaines plus tard les soins que réclamait son enfant, furent un obstacle à ce que Clémence Duval cherchât des moyens d'existence dans des leçons de musique ou de dessin, que sa brillante éducation l'eût mise à même de donner; d'ailleurs, la honte de sa position de *fille-mère* l'eût empêchée d'être introduite dans des familles honorables, où elle ne pouvait être admise qu'après renseignements.

« L'accusée se vit donc réduite à s'occuper de travaux d'aiguille et de tapisserie. Pendant quelque temps, elle fut ainsi préservée d'une misère complète ; mais ces travaux ayant diminué, Clémence Duval tomba bientôt dans une détresse croissante, quitta la maison du quartier du Jardin-des-Plantes, et vint par économie habiter une des plus infimes maisons garnies du faubourg Saint-Honoré, où elle a été arrêtée lors de la tentative de suicide suivie d'infanticide.

« Tels sont les faits résultant de l'instruction. En conséquence, sont accusées :

« 1° Joséphine-Maria Clermont, femme
« Fauveau, de s'être rendue coupable de ten-
« tative d'empoisonnement avec préméditа-
« tion sur la personne de Diane-Clotilde de
« Morsenne, duchesse de Beaupertuis, ten-
« tative manifestée par un commencement
« d'exécution, qui a manqué son effet par
« des circonstances indépendantes de la
« volonté de son auteur, mais ayant occa-
« sionné une maladie qui a duré plus de
« vingt jours;

« 2° La fille Clémence Duval, de s'être ren-
« due complice du crime ci-dessus, et sub-
« sidiairement d'avoir donné volontaire-
« ment la mort à son enfant. »

VI

VI

En outre de cet acte d'accusation, dont l'aide-de-camp du prince royal venait de donner lecture aux personnes réunies dans le salon de la Source de Bade, l'*Observateur des Tribunaux* contenait, dans le même numéro, l'interrogatoire des accusées, leur confrontation avec la partie civile, et les autres faits et incidents dont avait été remplie la première audience, et auxquels nous reviendrons tout à l'heure ; mais le prince royal et la société rassemblée autour de lui, tout en écoutant avec le plus vif intérêt l'acte d'accusation lu par le colonel Butler, avaient impatiemment attendu la fin de ce document judiciaire pour échanger leurs impressions à ce sujet.

Heureusement pour Ducormier, sa position particulière à l'égard du père de madame de Beaupertuis, M. le prince de Morsenne, son vénérable protecteur, comme il disait, expliqua son émotion et donna le change sur les divers ressentiments dont il fut visiblement agité durant la lecture précédente. A chaque instant il avait tremblé que son nom fût prononcé par ces trois infortunées perdues par lui ; mais, bien que soulagé de cette terrible appréhension, il éprouvait encore une sorte de superstitieuse épouvante en songeant à l'inconcevable fatalité qui réalisait les sinistres prédictions faites à ces trois malheureuses femmes.

Et puis enfin Ducormier, malgré sa dureté de cœur, n'avait pas écouté sans tressaillements cachés, mais douloureux, le récit de ces lamentables misères dont il était la seule cause. Cette âme, autrefois généreuse, mais depuis si longtemps pervertie par les plus mauvaises passions, connaissait enfin l'âcreté d'un remords ; un moment, ce caractère indomptable se sentit faiblir, mais plus son émotion fut poignante, plus il redoubla d'efforts pour la dissimuler; il lui fallait jouer au *naturel* le rôle qu'il devait jouer dans cette circonstance devant les personnes qui l'entouraient, et surtout devant le prince royal, sur l'intérêt duquel il fondait pour l'avenir de si ambitieuses espérances.

A peine le colonel Butler eut-il terminé la lecture de l'acte d'accusation, que les dialogues suivants s'échangèrent entre les personnes présentes dans le salon de la Source.

LE PRINCE, *interrompant le colonel.*

Colonel, l'acte d'accusation que vous venez de nous lire ne remplit pas toute l'audience, n'est-ce pas ?

LE COLONEL.

Non, Monseigneur; je ne suis encore qu'à la moitié du numéro de ce journal.

LE PRINCE ROYAL.

Si ces dames le permettent, nous interromprons pendant quelques instants cette lecture, car, en vérité, l'on a besoin, pour ainsi dire, de respirer, après de si vives émotions; l'on croirait assister à l'audience.

LA PRINCESSE DE LÖWESTEIN.

Nous sommes tout-à-fait de votre avis, Monseigneur; nous allions prier Votre Altesse Royale de suspendre un moment cette lecture.

LA DUCHESSE DE SPINOLA.

Moi, je suis encore toute tremblante. Tant d'horreurs ! c'est à n'y pas croire !

LA MARQUISE DE MONLAVILLE.

Pauvre madame de Beaupertuis ! Lorsque j'ai quitté Paris, il y a six mois, je l'ai laissée dans toute la fleur de sa jeunesse et de sa beauté. Votre Altesse Royale ne peut s'imaginer combien madame de Beaupertuis était charmante ! car, hélas ! maintenant il faut dire : *était*.

LE PRINCE ROYAL *à Anatole, avec intérêt*.

Allons, vous avez eu du courage, mon cher comte. Si quelque chose peut vous consoler du coup affreux qui frappe la fille de votre vénérable protecteur, c'est de penser que l'infernale créature qui a commis ce crime est sous la main de la justice.

DUCORMIER.

C'est là, Monseigneur, une triste consolation.

MADAME LA COMTESSE DUCORMIER.

Mais, Monseigneur, c'est un monstre que cette femme Fauveau !

LE PRINCE ROYAL, *avec horreur.*

Une empoisonneuse !... c'est-à-dire ce qu'il y a de plus lâche et de plus féroce au monde !

LA MARQUISE DE MONLAVILLE.

Avoir l'odieuse hypocrisie d'entourer sa maîtresse de soins, afin d'écarter les soupçons! la faire mourir ainsi à petit feu, sous ses yeux, et assister froidement à son agonie de chaque jour!

LE PRINCE ROYAL.

Non, il n'y a pas de supplice assez cruel pour une atrocité pareille.

LA DUCHESSE DE SPINOLA.

Mais quel a pu être le motif de la vengeance de cette horrible femme? Y concevez-vous quelque chose, Monseigneur?

LE PRINCE ROYAL.

En effet, là est le mystère, madame la duchesse; le crime est évident, mais jusqu'à présent la cause est cachée... (*A Ducormier.*) Si je ne craignais, mon cher comte, d'aviver votre chagrin, je vous demanderais à vous, qui avez vécu dans l'intimité de la famille de Beaupertuis, si rien ne vous met sur la voie du motif de ce crime.

DUCORMIER, *avec effort.*

Lorsqu'il y a quinze mois j'ai quitté l'hôtel de Morsenne, Monseigneur, rien ne pouvait faire pressentir un pareil malheur; madame la duchesse de Beaupertuis était aimée et respectée de toutes les personnes qui avaient l'honneur de l'approcher.

LA PRINCESSE DE LOWESTEIN, *à Ducormier.*

Ainsi, à l'époque dont vous parlez, monsieur le comte, cette abominable femme Fauveau n'avait pas encore paru à l'hôtel de Morsenne?

DUCORMIER.

Non, pas que je sache, madame le princesse. J'entends aujourd'hui pour la première fois prononcer le nom de cette femme.

L'AMIRAL SIR CHARLES HUMPHREY.

Monseigneur, la culpabilité de l'accusée paraît donc complètement prouvée à Votre Altesse Royale?

LE PRINCE ROYAL.

Comment! monsieur l'amiral, est-ce que vous en douteriez?

L'AMIRAL.

Ma foi! oui, Monseigneur.

LA BONNE AVENTURE.

LA DUCHESSE DE SPINOLA.

Allons donc, sir Charles! c'est impossible! c'est nier l'évidence!

LE PRINCE DE LOWESTEIN.

Mais, mon cher amiral, et le flacon trouvé par le duc de Beaupertuis dans la commode de cette misérable?

LA MARQUISE DE MONLAVILLE.

Et la théière remplie de breuvage empoisonné?

MADAME LA COMTESSE DUCORMIER.

Et le billet de sa complice, cette fille Duval?

LE PRINCE ROYAL.

Et par-dessus tout, monsieur l'amiral,

l'aveu de ce monstre pressé de questions : — *Oui, j'ai empoisonné ; — oui, le flacon était à moi ; — oui, je dois mourir sur l'échafaud !* — Et voyez combien cette préoccupation de l'échafaud est constante chez cette misérable ! Non-seulement pendant son sommeil elle parle de sa vengeance, mais elle dit à plusieurs reprises au juge d'instruction : — *Mon sort est de périr sur l'échafaud !* — Franchement, monsieur l'amiral, une femme dont la conscience est pure est-elle jamais en proie à de pareilles obsessions.

L'AMIRAL.

C'est justement cette obsession constante, monseigneur, qui me ferait penser que cette malheureuse est folle... archifolle, et ce n'est pas à l'échafaud, c'est dans une maison d'aliénés qu'on devrait l'envoyer.

LE PRINCE ROYAL.

Folle ! monsieur l'amiral ! et elle se montre pleine de soins, de zèle pour sa maîtresse, afin de mieux cacher ses criminels desseins ! Folle ! et elle entreprend et poursuit son œuvre infernale avec une impitoyable présence d'esprit !

LE DUC DE VILLA-RODRIGO.

Je crois, moi, mon cher amiral, que, comme beaucoup de criminels, cette femme joue à cette heure l'égarement ; mais elle me paraît avoir parfaitement calculé et raisonné son crime. (*A Ducormier.*) Qu'en pensez-vous, monsieur le comte ?

ANATOLE DUCORMIER.

Il est tant d'exemples d'erreurs judiciaires, monsieur le duc, qu'il est difficile de se prononcer avec une complète connaissance de cause... Néanmoins l'instruction laisse... planer de terribles soupçons sur... la femme Fauveau...

LA BARONNE DE LUCENAY.

Pour moi, le crime ne fait pas l'ombre d'un doute, mais ce qu'il m'est impossible de comprendre, c'est la cause de la haine de cette femme contre cette pauvre duchesse qui la comblait de marques de bonté.

L'AMIRAL.

C'est justement là, madame, ce qui me fait penser, moi, ou que cette malheureuse est folle, ou qu'elle est innocente, car il faut être fou pour faire le mal pour le mal, et jusqu'ici le procès prouve que l'accusée ne connaissait pas la duchesse avant d'entrer à son service. Tel a été son zèle et ses soins pour sa maîtresse, que celle-ci lui en a souvent témoigné sa satisfaction. Alors, pourquoi Maria Fauveau aurait-elle voulu l'empoisonner?

LE PRINCE ROYAL.

Permettez, monsieur l'amiral, vous oubliez une des choses les plus capitales du procès...

L'AMIRAL.

Laquelle, monseigneur?

LE PRINCE ROYAL *au colonel*.

Colonel, relisez-nous, je vous prie, la fin

de ce billet écrit par la fille Duval à la femme Fauveau. (*A l'amiral.*) Veuillez peser le sens de ces mots, monsieur l'amiral.

LE COLONEL, *lisant.*

« Vos projets m'effrayent, mais comptez
« toujours sur ma discrétion, car cette ven-
« geance est de celles que je comprends. »

LE PRINCE ROYAL *à l'amiral.*

Eh bien! monsieur l'amiral, est-ce assez positif? Cette femme n'accomplissait-elle pas un dessein formé de longue main et dont la fille Duval avait connaissance? Ce dessein n'avait-il pas pour but la vengeance?

L'AMIRAL.

Il est vrai, monseigneur, j'avais oublié cette circonstance. Ce billet est accablant, et cependant, à moins d'être un monstre, il me semble impossible que mademoiselle Duval écrive, à propos d'un abominable empoisonnement : *Cette vengeance est une de celles que je comprends.*

LA DUCHESSE DE SPINOLA.

Accablant pour les deux complices, car cette indigne fille Duval doit avoir aussi trempé dans ce crime.

LA PRINCESSE DE LOWESTEIN.

Mais certainement, monsieur l'amiral, cette créature est un monstre; une femme qui tue son enfant est capable de tout. (*A Ducormier, qui a tressailli.*) Je vois que vous partagez mon horreur et mon indignation, monsieur le comte.

ANATOLE DUCORMIER.

Qui ne la partagerait pas, madame la princesse !

LE PRINCE ROYAL.

S'il faut vous l'avouer, madame la duchesse, je ne serai pas aussi absolu que vous dans mon jugement sur la fille Duval.

LA DUCHESSE DE SPINOLA.

Comment ! monseigneur, une malheureuse qui assassine son enfant !

LE PRINCE ROYAL.

Oh ! je le sais, madame, c'est là un crime. Mais, tenez, dans presque toutes les causes d'infanticide soumises à la loi française, le criminel le plus lâche, le plus infâme, et, il faut bien le dire, le plus coupable, n'est jamais sur le banc des accusés. (*A Ducormier, qui a tressailli.*) N'est-ce pas, mon cher comte, votre cœur se révolte comme le mien de cette indigne partialité de votre législation? Comment! une jeune fille candide est abusée, séduite; pour cacher sa honte, elle tue son enfant et va expier son crime sur l'échafaud ou dans une maison de force, et, selon les lois de votre pays, le séducteur, celui dont la corruption a seule causé ces maux, est mis hors de cause! Ainsi, par exemple Clémence Duval, fille d'un officier distingué, douée d'une brillante éducation, vivant dans l'aisance, a aimé sans doute quelque misérable hypocrite, puisque le seul crime qu'elle se reproche, — dit la pauvre créature dans un moment suprême, — est d'avoir cru à la sainteté d'un serment juré au chevet de sa mère mourante. Cette mère mourante croyait donc confier l'avenir de sa fille à un honnête homme. Qu'arrive-t-il? La malheureuse enfant se croyant dès-lors, comme elle le dit, à jamais unie à celui qu'elle aimait, écoute plus son cœur que sa raison, cède à un entraînement coupable; oui, bien coupable... Et quelque temps après son amant l'abandonne à sa honte, à ses remords, à une misère atroce, à des maux si affreux qu'elle tente d'y échapper en se tuant avec son enfant! Et le séducteur de cette infortunée! cet infâme hypocrite! ce lâche parjure! ce double assassin! la justice de votre pays lui demande-t-elle compte de ce déshonneur, de ce meurtre? Non! elle ne fait seulement pas mention de lui, et peut-être à cette heure le bruit public lui apprend le crime de sa maîtresse, la mort de son enfant; et, comme un pareil homme doit être impitoyable, il se rit sans doute de tant de maux. Ah! je vous l'avoue, mon cher comte, mon cœur bondit, tout mon sang se soulève contre cette odieuse impunité, contre cet outrage à la justice humaine et divine, oui, je déplore que la France, placée à la tête de la civilisation, laisse subsister dans sa loi une énormité pareille.

(Le prince royal, qui a parlé avec une extrême émotion, s'interrompt un instant au milieu d'un murmure approbateur.)

LA COMTESSE DUCORMIER, *tout bas à son mari*.

Vous n'avez pas l'air d'être à la conversation! Soutenez donc la même thèse que le prince développe là! il vous en saura gré; c'est un très beau thème.

DUCORMIER, *avec trouble*.

Il est consolant, Monseigneur, d'entendre un prince qui doit être appelé un jour à gouverner les hommes, développer des idées qui font tant d'honneur à son esprit et à son cœur.

LA COMTESSE DUCORMIER, *bas à son mari*.

Vouz dites cela du bout des lèvres et sans entraînement; mais allez donc!

LE PRINCE ROYAL, *un peu surpris de la froideur de Ducormier, et s'adressant à celui-ci*.

Est-ce que vous ne partagez pas mes idées,

monsieur le comte? Est-ce que vous ne trouvez pas que votre législation consacre une horrible impunité?

LA COMTESSE DUCORMIER, *bas à son mari, le poussant du coude.*

Il vous trouve froid ; mais allez donc !

DUCORMIER.

Je suis, au contraire, complètement d'accord avec Votre Altesse Royale à ce sujet ; il me semble, comme à vous, Monseigneur, que dans bien des circonstances, l'homme qui abuse de la candeur et de la confiance d'une jeune fille, et qui l'abandonne ensuite, est un misérable digne de mépris ; sous ce rapport il existe malheureusement une lacune dans notre législation.

LA COMTESSE DUCORMIER, *bas à son mari.*

C'est mieux... mais dit trop froidement.

LA DUCHESSE DE SPINOLA.

Ne trouvez-vous pas, Monseigneur, qu'il y a dans le procès une chose jusqu'ici inexplicable ?

LE PRINCE ROYAL.

Laquelle, madame la duchesse?

LA DUCHESSE DE SPINOLA.

Mais, Monseigneur, ce billet écrit à la femme Fauveau par cette pauvre Clémence Duval (car Votre Altesse Royale a raison, l'infortunée est, après tout, digne de pitié). Ce billet dit, ce me semble, que la famille de la duchesse de Beaupertuis est *la cause des malheurs* de cette affreuse créature.

LE PRINCE ROYAL.

Oui, madame la duchesse, ce passage m'a aussi frappé ; là est un mystère que la suite du procès éclaircira peut-être.

LE PRINCE DE LOWESTEIN.

Cela est fort mystérieux, en effet, Monseigneur, car l'on se demande quels rapports, quels liens pouvaient exister entre personnes de conditions si diverses : cette femme Fauveau et madame la duchesse de Beaupertuis.

LA MARQUISE DE MONLAVILLE, *à Ducormier*.

Lorsque vous habitiez l'hôtel de Morsenne, monsieur le comte, vous n'avez pas entendu dire que cette misérable eût quelques rapports avec madame de Beaupertuis?

DUCORMIER, *très pâle.*

Non, madame la marquise.

LE PRINCE ROYAL *à Ducormier, affectueusement.*

Il faut, mon cher comte, excuser notre curiosité. Elle nous entraîne, malgré nous peut-être, jusqu'à l'indiscrétion; mais, à cause de votre qualité d'ancien ami de la famille de Morsenne, on est à chaque instant tenté de vous demander quelques renseignements.

DUCORMIER.

Je m'empresserai toujours de mettre mes

souvenirs aux ordres de Votre Altesse Royale
et de ces dames, monseigneur; mais en ce
qui touche les antécédents des deux accusées, ainsi que j'ai déjà eu l'honneur de le
dire à Votre Altesse Royale, je suis d'une
ignorance absolue...

LA COMTESSE DUCORMIER, *bas à son mari*.

Décidément, vous n'êtes pas dans votre
état naturel : vous êtes livide !

LE PRINCE ROYAL.

Désirez-vous, mesdames, que le colonel
Butler continue sa lecture ? Peut-être appren-
drons-nous quelque chose sur ce mystère,
que nous n'avons pu jusqu'ici pénétrer.

PLUSIEURS VOIX.

Oui, monseigneur, nous sommes aussi

impatientes que Votre Altesse Royale.

LE PRINCE ROYAL *au colonel.*

Veuillez, colonel, poursuivre votre lecture!

VII

VII

Le colonel Butler continua de lire ainsi qu'il suit le compte-rendu des débats recueillis par l'*Observateur des Tribunaux* :

« M. le greffier ayant donné connaissance de l'acte d'accusation, qui cause une vive émotion dans l'auditoire, et qui a été écouté avec abattement par Clémence Duval, et avec une impatience sardonique par Maria Fauveau, M. le président procède aux interrogatoires.

« *M. le président.* — M. le duc de Beaupertuis est-il présent ?

« M. le duc de Beaupertuis se lève. (Mouvement général de curiosité.) Le mari de la victime de Maria Fauveau est un homme jeune encore. Sa mise est assez négligée. L'ensemble de ses traits est peu gracieux, mais leur expression est à la fois remplie de douceur et de tristesse. Il tient à la main un mouchoir dont il s'est fréquemment essuyé les yeux pendant la lecture de l'acte d'accusation. La présence de M. le duc excite un sentiment d'intérêt.

« *M. le président.* — Monsieur le duc, il résulte d'un acte judiciaire que vous vous êtes porté partie civile ; vous assisterez donc à l'interrogatoire et aux débats ; vous ne vous retirerez pas dans la chambre des témoins. (M. le duc de Beaupertuis se rassied.) Quant à madame la duchesse de Beaupertuis, continue M. le président (Mouvement dans l'auditoire), c'est par suite de son état de maladie qu'elle ne s'est pas présentée. Nous avons chargé MM. les docteurs Bailly et Olivier (d'Angers) de constater la position de madame la duchesse, et de nous faire savoir si elle peut assister aux débats ou à une partie des débats. Huissiers, faites entrer M. le docteur Bailly ; nous allons l'entendre.

« M. le docteur Bailly est introduit.

« *M. le président.* — Monsieur le docteur, vous avez été délégué pour nous faire, concurremment avec M. le docteur Olivier (d'Angers), un rapport sur la santé de madame de Beaupertuis. Veuillez rendre compte à la cour de ce que vous avez observé. (Profond silence.)

« *M. le docteur Bailly.* — Ce matin, j'ai eu l'honneur de voir madame la duchesse de Beaupertuis; son état, moins alarmant, s'est légèrement amélioré depuis l'arrestation de l'accusée, époque à laquelle l'usage des breuvages empoisonnés paraît avoir cessé. (Mouvement prolongé dans l'auditoire.) Madame la duchesse est encore d'une extrême faiblesse; cependant, en l'entourant des plus grandes précautions, elle pourrait, sans danger, être transportée à l'audience d'aujourd'hui. Madame la duchesse désire même, en tant que ses forces le lui permettront, être entendue le plus tôt possible.

« M. le docteur Olivier (d'Angers) présente des observations identiques sur la position de madame la duchesse de Beaupertuis.

M. le président. — Ouï les rapports de MM. les docteurs Bailly et Olivier (d'Angers), nous requérons que madame la duchesse sera transportée aujourd'hui à l'audience (Profonde sensation), à moins que la gravité de son état n'ait empiré depuis ce matin. Nous allons procéder à l'interrogatoire des accusées. (Mouvement prolongé d'attention.) Faites retirer la fille Clémence Duval, on la rappellera plus tard.

« Cette accusée, après avoir serré la main de Maria Fauveau, sort appuyée sur le bras de deux gardes municipaux, car elle paraît pouvoir à peine se soutenir.

« Maria Fauveau reste seule au banc des prévenus. M⁰ Dumont, son défenseur nommé d'office, se penche derrière elle et échange à voix basse quelques paroles avec sa cliente.

« *M. le président à l'accusée.* — Maria Fauveau, levez-vous. Vous et votre mari avez tenu pendant cinq ans une boutique de ganterie et parfumerie, rue du Bac, n° 19 ?

« *L'accusée.* — Oui.

« *M. le président.* — Je dois déclarer que l'instruction n'a recueilli aucun fait qui vous fût défavorable durant tout le temps que vous avez tenu votre magasin.

« *L'accusée avec ironie.* — C'est bien heureux !

« *M. le président.* — Cependant, il y a environ quinze mois, votre mari, dont la conduite avait été jusque-là irréprochable, a commencé à se livrer à de funestes habitudes d'ivrognerie.

« *L'accusée.* — Malheureusement pour lui et pour moi !

« *M. le président.* — Comment le vice de l'ivrognerie lui est-il venu si tard ? N'aurait-il pas cherché dans l'ivresse l'oubli de quelques chagrins domestiques ?

« *L'accusée.* — Je n'ai rien à répondre là-dessus.

« *M. le président.* — Votre embarras prouve que vous ne dites pas la vérité.

« *L'accusée.* — Je ne sais pas mentir.

« *M. le président.* — Vous avouez donc que les soudaines habitudes d'ivrognerie de votre mari ont une cause, et que cette cause vous la connaissez?

« *L'accusée.* — Oui.

« *M. le président.* — Eh bien ! dites-là.

« *L'accusée.* — Non, pas à présent... peut-être plus tard... selon mon idée. En attendant, je saurai me taire.

« *M. le président.* — Taire à la justice la vérité que l'on sait, ou reculer le moment de la dire, sont des réticences coupables. Dans votre intérêt même, je vous engage à la plus complète sincérité.

« *L'accusée.* — Je verrai plus tard.

« (Ces premières réponses de l'accusée ont été faites d'un ton bref et avec une espèce de brusquerie mêlée de distraction, nous ne voulons pas dire d'égarement, qui semblent confirmer ce qui est dit dans l'instruction : à savoir que Maria Fauveau ne jouit pas parfois de la plénitude de sa raison, ou qu'elle affecte cette infirmité morale. Du reste, souvent son regard est fixe, souvent aussi il semble hagard et errer çà et là, sans s'attacher sur rien.)

« *M. le président à l'accusée.* — Vous refusez de donner, quant à présent, des explications sur la cause de l'ivrognerie de votre mari? Je regrette ce défaut de sincérité de votre part, mais enfin, passons. Vous avez quitté votre magasin, vous vous êtes séparée à l'amiable de votre mari, et vous vous êtes retirée auprès de votre père et de votre mère, que vous avez perdus à peu de distance l'un de l'autre?

« *L'accusée, avec émotion et portant son mouchoir à ses yeux.* — Oui, monsieur.

« *M. le président.* — Votre modique dot et la plus grande partie de votre petit héritage ont été employés à payer les engagements contractés par votre mari. Sur le peu qui vous restait, vous avez soldé quatre années d'avance de la pension de votre petite fille. L'instruction, dans son impartialité, a établi ces faits honorables pour vous.

« *L'accusée, brusquement.* — J'ai fait ce que j'ai dû, (*Avec une amère ironie.*) Je ne suis pas ici pour qu'on me fasse des compliments.

« *M. le président.* — Vous êtes ici pour dire et entendre la vérité, qu'elle vous soit ou non favorable. Après la mort de vos parents, vous vous êtes logée au faubourg Saint-Antoine, non loin de la pension où vous aviez mis votre fille ?

« *L'accusée.* — Oui.

« *M. le président.* — C'est à cette époque que vous avez, dites-vous, rencontré la fille Désirée, alors première femme de chambre de madame la duchesse de Beaupertuis?

« *L'accusée.* — Oui.

« *M. le président.* — Vous la connaissiez donc depuis longtemps?

« *L'accusée.* — Désirée était ma sœur de lait; nous avions beaucoup d'amitié l'une pour l'autre.

« *M. le président.* — Comment l'idée vous est-elle venue de lui proposer d'entrer à sa place chez madame la duchesse de Beaupertuis, vous qui jusqu'alors n'aviez jamais été au service de personne?

« *L'accusée.* — Parce qu'il me restait à peine de quoi vivre, et que j'aimais mieux être domestique que de mourir de faim.

« *M. le président.* — Je crois que vous ne dites pas toute la vérité. Voici pourquoi : écoutez-moi bien ; dans un billet saisi chez vous, billet écrit par la fille Duval et signé de ses initiales, celle-ci vous parle de l'*étrange et triste hasard qui vous a introduite dans la maison de ceux qui ont causé votre malheur.* Comment expliquez-vous ce billet? Jusqu'à présent vous avez refusé de répondre à ce sujet.

« *L'accusée, brusquement.* — J'ai refusé de répondre parce qu'il ne me convenait pas alors de parler; d'ailleurs, je n'avais pas confiance dans le juge qui m'interrogeait.

« *M. le président.* — Un accusé doit toujours être persuadé de l'impartialité du magistrat qui l'interroge.

« *L'accusée, avec ironie.* — C'est bien facile

à dire, mais la confiance ne se commande pas. Le juge m'a parlé durement, il m'a harassée de questions. C'était une vraie torture. Je croyais que ma tête allait se fendre; et puis, j'ai bien vu que d'avance il me regardait comme une empoisonneuse; alors je n'ai dit que ce que je voulais dire.

« *M. le président.* — Vous vous trompez : jamais les magistrats ne manquent aux égards qui sont dus aux accusés. Vous avez jusqu'ici refusé de dire la vérité ; voulez-vous la dire aujourd'hui ?

« *L'accusée, après un long silence et brusquement.* — Au fait! pourquoi pas ?

« *M. le président.* — Eh bien! dites-la.

« *L'accusée, d'une voix brève et saccadée.* —

J'ai tout fait auprès de Désirée pour entrer à sa place chez madame la duchesse comme femme de chambre, parce que cela pouvait servir mes projets.

« *M. le président.* — Vous parlez de projets; quels étaient-ils?

« *L'accusée, après un nouveau silence.* — Je voulais me venger de la famille de madame de Beaupertuis. (Profonde sensation.)

« *M. le président.* — Accusée, pesez bien la gravité de vos paroles; elles sont accablantes pour vous.

« *L'accusée, avec un rire sardonique.* — Vous êtes bien bon de vous intéresser autant à moi.

« *M. le président.* — Je vous le répète, vous

devez peser la gravité de vos paroles. Réfléchissez bien. Vous avouez donc avoir tout fait auprès de Désirée Buisson pour vous introduire chez madame la duchesse de Beaupertuis, afin de vous venger de la famille de cette dame, et de mettre ainsi à exécution vos projets de vengeance?

« *L'accusée, avec impatience.* — Je vous ai déjà dit que oui. (Nouvelle et profonde sensation, murmures d'indignation. L'accusée reste impassible sur son banc et répond par un nouveau geste d'impatience aux paroles de son défenseur, qui s'est penché vers elle pour l'entretenir tout bas.)

« *M. le président.* — Vous vouliez vous venger, dites-vous, de madame de Beaupertuis? mais qu'elle était la cause de votre haine contre cette dame? quel mal vous avait-elle fait?

« (L'accusée se retourne brusquement du côté du banc où se trouve la famille de Morsenne, désigne ces personnes d'un geste audacieux, et dit) :

« — La famille de madame de Beaupertuis est cause de tous mes malheurs.

« (Sourires de dédain au banc de la famille de Morsenne, et mouvement d'étonnement profond dans l'auditoire.)

« *M. le président.* — Voici la première fois que vous avouez avoir eu à vous plaindre de la famille de madame la duchesse de Beaupertuis.

« *L'accusée, d'un ton sardonique.* — C'est

possible; ce qu'on n'a pas dit hier, on le dit aujourd'hui.

« *M. le président.* — Quel mal vous a fait la famille de madame de Beaupertuis? expliquez-vous.

« *L'accusée.* — C'est inutile, je m'entends.

« *M. le président.* — Dans votre intérêt même, je vous adjure de vous expliquer.

« *L'accusée.* — Plus tard, peut-être, je m'expliquerai.

« *M. le président.* — J'espère que vous réfléchirez à tout ce que vos réticences ont de dangereux pour vous, et que vous serez plus sincère. Encore une fois, comment la famille de madame la duchesse de Beaupertuis a-t-elle causé vos malheurs?

« *L'accusée avec une grande animation.* — Je vivais tranquille, heureuse dans mon ménage; mon mari m'aimait et je l'aimais; le prince de Morsenne, le père de madame de Beaupertuis, est devenu amoureux de moi; il m'a d'abord envoyé un homme chargé de me faire des propositions infâmes. (Violents murmures aux places réservées à la famille de Morsenne.) Une dame que l'on nous dit être madame la princesse de Morsenne, s'écrie :

« — Entendez-vous cette horrible créature ! Quelle audace !

« *M. le président se tournant vers les interrupteurs.* — J'invite la famille de la partie civile à contenir son indignation, si légitime qu'elle puisse être. Les dépositions de l'accusée pourront être contredites, combattues, flétries même, si elles sont calomnieuses ; mais elle doit parler librement.

« Un monsieur qu'on nous dit s'appeler le chevalier de Saint-Merry, s'écrie :

« — C'est qu'aussi, monsieur le président, il est impossible de rester de sang-froid en entendant diffamer un des hommes d'Etat les plus vénérables du pays, un des plus grands seigneurs de France. Et diffamer par qui ? par cette abominable empoisonneuse !

« *M. le président interrompant sévèrement M. de Saint-Merry.* — Monsieur, vous n'avez pas la parole. Il n'y a pas ici d'empoisonneuse : il y a une accusée prévenue de ce crime, et jusqu'à sa condamnation, la présomption d'innocence lui est acquise. Si de pareilles interruptions se renouvelaient, je serais obligé de prier les interrupteurs de sortir, à quelque classe de la société qu'ils appartinssent. (Murmures d'approbation, applaudissements dans le fond de la salle.) M. le président, après avoir blâmé cette nouvelle manifestation, s'adresse à Maria Fauveau.

« *M. le président, sévèrement.* — Accusée, songez à ce que vous dites. Vous osez porter une accusation odieuse contre M. le prince de Morsenne, un des hommes les plus respectés de ce temps-ci, le chef d'une grande et illustre maison que vous êtes accusée de plonger dans le deuil et dans les larmes; un homme d'Etat éminent qui a rendu, qui rend à cette heure de grands services à son pays, car il est aujourd'hui ambassadeur du roi auprès de la cour d'Espagne. Encore une fois, accusée, prenez garde!... Vous faites planer un infâme soupçon sur un absent, sur un père de famille, que son âge défendrait au besoin contre ces honteuses insinuations, s'il n'était notoirement connu, par les discours, par les actes de toute la vie de M. de Morsenne, qu'il a toujours été un des plus fermes défenseurs de ces deux bases sacrées de toute société : la famille et la religion. Et c'est un personnage si considérable par ses vertus, par sa position sociale, que vous osez accuser d'avoir voulu, par des propositions indignes, jeter le trouble, le déshonneur dans votre humble et honnête ménage? Encore une fois, accusée, réfléchissez à vos paroles, et, croyez-moi, retirez-les.

L'accusée. — Vous voulez la vérité, je la dis ; tant pis pour ceux qu'elle blesse.

« *M. le président.* — Ainsi vous persistez !

« *L'accusée.* — Oui, je persiste à dire que cet honnête et religieux père de famille m'a fait proposer de l'argent, beaucoup d'argent, un hôtel, une voiture, des diamants, si je voulais être sa maîtresse ; j'ai haussé les épaules de dégoût, car j'adorais mon mari ; aussi, de peur de l'inquiéter, je lui avais d'abord caché les offres de ce vieux libertin.

« (Nouvelle explosion de murmures d'indignation au banc de la famille de Beaupertuis.)

« *M. le président très sévèrement.* — Accusée, exprimez-vous avec plus de convenance et de respect. Osez-vous parler ainsi de M. le prince de Morsenne, le père de votre victime ?

« *L'accusée avec ironie.* — Son père, lui ? Oui, comme tant d'autres qui se croient les pères des enfants qui portent leur nom.

« *M. le président.* — Accusée, encore une fois, je ne puis tolérer cet indigne langage. Oubliez-vous donc que la famille de M. le prince de Morsenne assiste à ces débats, ainsi que madame la princesse ?

« *L'accusée, avec un éclat de rire sardonique.* — Oui, je vois bien là-bas madame la princesse à côté de son amant, M. de Saint-

Merry, qui vient de m'appeler empoisonneuse. Vous parliez du père de madame la duchesse ; tenez, c'est celui-là qui est son vrai père.

« *M. le président.* — Accusée, taisez-vous.

« *L'accusée, avec un redoublement de rire sardonique.* — Bah ! pendant que j'y suis, puisque vous voulez des vérités, je vais vous en dire : ainsi, je vois là-bas cette dame en chapeau rose, madame la baronne de Robersac, eh bien ! elle était la maîtresse en titre du prince, dans le même temps où il m'offrait tant d'argent pour être mon amant, ce vertueux père de famille !

« *M. le président, avec force* — Accusée, il m'est impossible de...

« *L'accusée.* — Oh! rassurez-vous, ce que je dis là ne causera pas de malheurs, allez! Tout ce monde-là vit d'accord dans sa honte! La princesse est au mieux avec la maîtresse de son mari; le prince est au mieux avec l'amant de sa femme, le vrai père de sa fille.

« *M le président, avec indignation.* — Accusée, taisez-vous! Ces propos sont horribles, je vous retire la parole.

« *L'accusée, avec amertume.* — Ah! voilà! je m'y attendais. On vous demande la vérité, et l'on ne veut pas y croire. Pourquoi? parce que je ne suis qu'une pauvre femme et que j'accuse une famille de grands seigneurs. Vous voyez? à quoi bon parler, puisque l'on ne veut pas m'entendre? Je me doutais bien de ce qui arriverait ; aussi, jusqu'à présent, je m'étais tue. Mais, merci, merci ! (avec un redoublement d'ironie) c'est une bonne leçon ! j'en profiterai. Ce que j'ai dit de cette vertueuse famille n'est rien auprès de ce que je sais encore... (Mouvement prolongé.) non, rien auprès de ce que je pourrais révéler. Jugez un peu comme l'on m'écouterait, quand même ma vie en dépendrait ! Mais, allez, je n'y tiens plus, à la vie ! Faites votre métier, coupez-moi le cou et que ça finissse ; je ne répondrai plus un mot.

« (Il est impossible de rendre les murmures, les cris d'indignation, que les paroles de l'accusée soulèvent dans la partie aristocratique de l'auditoire, tandis que quelques bravos retentissent au fond de la salle. Madame la princesse de Morsenne et madame de Robersac, sur lesquelles tous les yeux se sont fixés, pâlissent et rougissent tour-à-tour ; madame la princesse finit par se trouver mal ; madame la baronne de Robersec l'imite, et toutes deux sont emportées hors de la salle par leurs amis, au milieu d'une agitation si extraordinaire que l'audience reste suspendue pendant dix minutes.) »

VIII

VIII

LE PRINCE ROYAL *interrompant le colonel Butler, qui se dispose à continuer la lecture de* l'Observateur des Tribunaux.

Pardon, mesdames, mais il m'est impossible de contenir plus longtemps mon indignation. Quelle infernale créature que cette femme Fauveau ! quelle audace !

LA DUCHESSE DE SPINOLA.

Oser jeter la honte, l'injure à la face de ces deux pauvres dames, en présence de tout un auditoire!

LA PRINCESSE DE LOWESTEIN.

Insulter la mère de sa victime!

LE DUC DE SPINOLA.

Avoir l'effronterie de soutenir que M. de Morsenne, un grand seigneur, un homme si considérable, s'est abaissé à faire des propositions honteuses à une pareille créature!

LE PRINCE DE LOWESTEIN.

Et pour comble d'audace, oser dire en pleine audience que M. de Morsenne n'est pas le père de sa fille! désigner ce prétendu père, et ajouter enfin que M. de Morsenne tolérait l'adultère de sa femme!

LA DUCHESSE DE SPINOLA.

Mais c'est monstrueux! mais de pareilles énormités ne peuvent cependant pas rester impunies!

LE PRINCE DE LOWESTEIN.

Je ne comprends pas ce président-là, moi! Il devait faire bâillonner cette infâme, séance tenante.

SIR CHARLES HUMPHREY.

C'était un moyen; seulement les avocats auraient pu faire observer qu'en général un bâillon gêne un peu la parole de l'accusé.

LE DUC DE SPINOLA.

Ce n'est pas là de la défense, mon cher

amiral, mais une calomnie épouvantable! Si les grandes familles sont ainsi impunément traînées dans la boue, c'est le renversement de toute morale, de toute société!

LE PRINCE ROYAL *à Ducormier*.

Oui, ce sont là d'infâmes calomnies; car maintes fois, mon cher comte, en me parlant de M. le prince de Morsenne, vous vous plaisiez, dans l'effusion de votre reconnaissance envers lui, à rendre le plus touchant hommage aux vertus pour ainsi dire patriarchales de cette famille.

DUCORMIER.

Il est vrai, monseigneur, et malgré quelques-unes de ces médisances si fréquentes dans le monde, qui peut-être même ont été le prétexte des insinuations de l'accusée,

M. le prince de Morsenne, qui a des ennemis, comme tous les personnages éminents, était (ainsi que j'ai eu souvent l'honneur de le dire à Votre Altesse Royale), était aussi irréprochable dans sa vie privée qu'universellement considéré dans sa vie publique.

LA PRINCESSE DE LOWESTEIN *à Ducormier*.

Il est fâcheux qu'un témoignage aussi important que le vôtre, monsieur le comte, n'ait pu contre-balancer le fâcheux effet des indignes calomnies de cette horrible femme; le public est si avide de ce qu'il appelle les scandales du grand monde, que l'on croit comme à plaisir les fables les plus absurdes.

LA DUCHESSE DE SPINOLA.

Évidemment, la déposition de M. le comte aurait eu une grande autorité.

LE PRINCE ROYAL *à Ducormier*.

Ces dames ont parfaitement raison, mon cher comte. Aussi moi, à votre place, j'écrirais aujourd'hui même à M. le président de la cour d'assises qu'ayant longtemps vécu dans l'intimité de la famille de Morsenne, vous éprouvez le besoin de protester contre les abominables calomnies de cette femme Fauveau, et cela, au nom de la vérité, au nom de votre éternelle reconnaissance pour le juste et bienveillant appui que vous a toujours prêté le prince de Morsenne, cet homme vénérable si indignement diffamé aujourd'hui.

LA COMTESSE DUCORMIER.

Monseigneur, c'est une excellente idée.

LA DUCHESSE DE SPINOLA.

Les calomnies de cette abominable créature, calomnies d'autant plus dangereuses qu'elle a vécu à l'hôtel de Morsenne, seraient ainsi complètement détruites par le témoignage de M. le comte, qui, lui aussi, a vécu à l'hôtel de Morsenne.

DUCORMIER *au prince royal*.

En m'empressant de suivre le conseil que veut bien me donner Votre Altesse Royale, je ne ferai qu'obéir à mon cœur, à ma conscience et à un devoir d'honneur.

LE PRINCE ROYAL.

Je le savais d'avance, mon cher comte.

LA PRINCESSE DE LOWESTEIN.

Mais il ne faudrait pas perdre de temps, monsieur le comte.

LA DUCHESSE DE SPINOLA.

La calomnie se répand si vite!

LE PRINCE DE LOWESTEIN.

Et trouve des oreilles si complaisantes.

LA COMTESSE DUCORMIER *regardant à la pendule.*

Monseigneur est-il aussi d'avis que la protestation de M. Ducormier doive être faite le plus tôt possible?

LE PRINCE ROYAL.

Sans doute, madame la comtesse; il est indispensable qu'une pareille protestation arrive à propos ; aussi, un jour, quelques heures même de gagnées peuvent être d'une grande importance.

LA COMTESSE DUCORMIER.

Le courrier pour Paris va partir dans vingt minutes ; monsieur Ducormier n'a pas le temps de retourner chez lui : il pourrait écrire ici à l'instant cette protestation si Votre Altesse Royale le permettait.

LE PRINCE ROYAL.

A merveille, madame la comtesse. (*S'adressant au colonel Butler*.) Colonel, veuillez, je vous prie, sonner et faire apporter à M. le comte ce qu'il faut pour écrire. (*A Ducormier*.) Quelle excellente idée a eue madame la comtesse !

(Le colonel sonne, un domestique paraît et revient bientôt apportant un nécessaire à écrire que l'on place sur une table.)

DUCORMIER.

Je regrette presque, monseigneur, de m'être laissé prévenir, même par madame Ducormier, lorsqu'il s'agit d'une pensée si vivement approuvée par votre Altesse Royale. J'ajouterai même, que s'il ne m'était pas interdit de quitter mon poste sans un ordre du gouvernement du roi mon maître, je partirais à l'instant pour Paris, afin de protester verbalement et de toutes les forces de mon âme et de ma conviction, contre des calomnies qui heureusement ne peuvent atteindre l'homme vénérable qui a eu pour moi les bontés d'un père.

LA COMTESSE DUCORMIER *à son mari, le conduisant à la table où est l'écritoire.*

Vite, vite, mon ami; vous avez à peine un quart-d'heure. (*Ducormier s'assied et écrit.*)

LA MARQUISE DE MONLAVILLE.

Cette horrible femme ne s'attendait pas à avoir un tel démenti donné à ses effrontés mensonges.

LA DUCHESSE DE SPINOLA.

Nécessairement, lorsque M. le président lira à l'audience cette déclaration spontanément envoyée par M. le comte Ducormier, ministre de France près la cour de Bade, l'effet sera immense.

LA COMTESSE DUCORMIER *au prince, à demi-voix.*

Monseigneur, j'aurais une faveur à demander à Son Altesse Royale.

LE PRINCE ROYAL.

Elle est accordée d'avance, madame la comtesse.

LA COMTESSE DUCORMIER.

Lorsque M. Ducormier aura écrit la protestation dont il s'agit, je supplie Votre Altesse Royale de daigner y jeter les yeux. Elle reconnaîtra, j'en suis sûre, que lorsqu'il a su mériter quelque intérêt, M. Ducormier exprime sa gratitude aussi noblement qu'il la ressent, et qu'il est de ceux dont le dévoûment est toujours à la hauteur des bontés qu'on a eues pour lui.

LE PRINCE ROYAL.

Je n'en doute pas, madame la comtesse. Cependant, puisque vous m'y invitez, je lirai avec un vrai plaisir la protestation de ce cher comte. On est heureux, après des débats si hideux, de pouvoir se rafraîchir l'âme par quelque sentiment généreux. (*Ducormier continue d'écrire.*)

LA DUCHESSE DE SPINOLA.

En effet, monseigneur, ce procès est hideux : c'est l'extravagance dans la férocité.

L'AMIRAL SIR CHARLES HUMPHREY.

Et moi, mesdames, j'en reviens à peu près à mon premier dire : cette malheureuse est à moitié folle; son attitude à l'audience, ses brusques réponses, ses rires sardoniques, son air égaré, — dit le journal, — tout, jusqu'à la folle audace de ses imprudentes attaques contre une famille puissante, tout me prouve que cette malheureuse, qui semble ainsi aller volontairement au-devant de sa perte, ne jouit pas de la plénitude de sa raison.

LA PRINCESSE DE LOWESTEIN.

Dites que cette horrible créature est aussi stupide que féroce, et je serai de votre avis, mon cher amiral; mais de la folie à la stupidité, il y a loin.

LA MARQUISE DE MONLAVILLE.

Je ne la crois pas si stupide qu'elle

affecte de le paraître, elle me semble surtout une effrontée menteuse.

LA DUCHESSE DE SPINOLA.

Mais, grâce à Dieu, nous allons peut-être voir, par la suite des débats, cette empoisonneuse écrasée par la présence de sa victime; car si madame de Beaupertuis a eu la force de se faire transporter à l'audience, il faut espérer que ce monstre de scélératesse aura été forcé de rentrer sous terre à la vue de la duchesse.

LA PRINCESSE DE LOWESTEIN.

Quel intérêt, quelle anxiété dans l'auditoire, si en effet madame de Beaupertuis a paru à cette séance! Nous allons savoir cela tout à l'heure; aussi je suis d'une impatience...

LA MARQUISE DE MONLAVILLE.

Impatience que je partage de toutes mes forces, je vous assure. (bas à la duchesse de Spinola, en lui montrant Ducormier toujours occupé à écrire pendant que sa femme, penchée sur son fauteuil, lit à mesure). Voyez donc, Madame, ce pauvre comte; il semble navré.

LA DUCHESSE DE SPINOLA.

C'est si naturel ! Il est dévoué de cœur et d'âme à cette famille, et il la voit insulter, traîner dans la fange par cette empoisonneuse ! Pour un caractère aussi généreux que celui du comte, c'est profondément douloureux.

LA MARQUISE DE MONLAVILLE, *bas à la duchesse de Spinola.*

Je n'ai jamais vu physionomie à la fois plus noble et plus touchante que la sienne en ce moment!

LA DUCHESSE DE SPINOLA, *bas aussi.*

Il serait d'une beauté ridicule, s'il n'avait pas tout le charme, tout l'esprit qu'il faut pour faire *supporter* cette rare beauté, qui rend tant d'hommes d'une insupportable fatuité.

LA MARQUISE DE MONLAVILLE, *bas.*

Avez-vous remarqué hier, à la chasse, les efforts de cette impudente comtesse Mimeska pour le compromettre? car, en vérité, c'est le mot.

LA DUCHESSE DE SPINOLA, *rougissant un peu*.

C'était révoltant! Il a fallu le bon goût, le tact parfait de M. le comte Ducormier, pour que l'indécente conduite de cette madame Mimeska ne fit pas scandale.

LA MARQUISE DE MONLAVILLE, *bas*.

Entre nous, je la crois folle de lui; je l'ai toujours vue rougir lorsqu'il entre dans un salon où elle se trouve.

LA DUCHESSE DE SPINOLA, *avec ironie*.

Rougir! elle? D'abord, elle se farde trop pour que sa rougeur paraisse; et puis, est-ce que ces femmes-là rougissent!

LA MARQUISE DE MONLAVILLE, *bas*.

Du reste, personne ne s'abuse sur la patience avec laquelle M. Ducormier se laisse pour ainsi dire faire la cour par la comtesse... On la sait fort mêlée à beaucoup d'intrigues diplomatiques.

LA DUCHESSE DE SPINOLA, *aigrement.*

Le mot est bien ambitieux... Il faut dire tout uniment que cette femme est une espionne de bonne compagnie. Aussi, avec sa droiture de cœur, le comte doit cruellement souffrir lorsqu'il est obligé d'avoir des relations d'affaires avec cette femme de police politique.

LA COMTESSE DUCORMIER, *bas à son mari en lisant par dessus son épaule.*

A la bonne heure! je vous reconnais là ; cette protestation est chaleureuse, éloquente, c'est plein d'entraînement et de conviction, c'est une excellente occasion de montrer au prince combien vous restez dévoué à ceux qui vous ont protégé. Aussi ai-je saisi la balle au bond : cela augmentera l'intérêt qu'il vous porte... et pourra puissamment servir nos espérances. (*Continuant de lire.*) Très bien... Cette fin, sur les vertus domestiques de M. de Morsenne, est touchante au possible... C'est un coup de maître ! (*Prenant le papier.*) Donnez, donnez ! (*Elle va vivement vers le prince et lui remet ce que Ducormier vient d'écrire.*)

DUCORMIER, *à part.*

Un instant je me suis senti défaillir ; il me semblait rouler à l'abîme. Dangereux vertige ! stupide faiblesse ! De l'audace, de l'audace, et encore de l'audace! Cela m'a toujours sauvé, cela me sauvera toujours! Non, non, mon étoile ne pâlit pas! Je la vois briller plus radieuse que jamais.

LE PRINCE ROYAL, *après avoir lu, vient à Anatole en lui tendant la main avec émotion.*

Heureux, oui, bien heureux ceux-là qui peuvent mériter de vous, mon cher comte, un attachement si sincère, si durable, si touchant! C'est un grand cœur que le vôtre! c'est mieux encore (*Lui serrant la main.*), c'est un bon et tendre cœur! (*Plus bas.*) et il faudra bien que j'y aie ma place.

DUCORMIER, *avec une expression de bonheur et de reconnaissance contenue par le respect.*

Ah! monseigneur, tant de bonté... Les paroles me manquent...

LE PRINCE ROYAL, *aux personnes présentes.*

Je ne suis pas, mesdames, assez égoïste pour vouloir jouir seul de la bonne fortune que je dois à la confiance de M. le comte Ducormier. Et d'ailleurs, je ne commettrai pas d'indiscrétion : cette lettre sera lue publiquement à l'une des prochaines audiences. (*S'apprêtant à lire.*) Veuillez écouter...

DUCORMIER, *avec un modeste embarras.*

Monseigneur... je vous en supplie...

LE PRINCE ROYAL.

C'est vrai. Pardon, cher comte, je comprends la susceptibilité de votre modestie : lire tout haut cette lettre devant vous, ce se-

rait vous louer en face. (*Lui rendant le papier.*)
Tenez, cher comte.

LE COLONEL BUTLER, *au prince.*

L'heure du courrier va sonner, monseigneur ; un domestique attend.

LE PRINCE ROYAL, *à Ducormier.*

Vite, l'adresse, et cachetez, mon cher comte.

(*Ducormier écrit l'adresse, cachète la lettre, et la remet au domestique.*)

LE PRINCE ROYAL.

Je suis désolé, mesdames, de n'avoir pu satisfaire votre légitime curiosité, mais ce n'est pas ma faute.

LA DUCHESSE DE SPINOLA.

Monseigneur, nous comprenons trop bien, tout en la regrettant, la délicate réserve de M. le comte, pour ne pas l'approuver.

LE PRINCE ROYAL.

Voulez-vous, mesdames, que nous poursuivions notre lecture ?

PLUSIEURS VOIX.

Certainement, monseigneur !

IX

Le colonel Butler continua ainsi la lecture de l'*Observateur des Tribunaux* :

« (La profonde agitation causée dans l'auditoire par les paroles de Maria Fauveau et par les incidents dont elles ont été suivies se calme enfin, grâce aux pressantes invitations de M. le président. Pendant ce tumulte, l'accusée sourit d'un air sardonique et triomphant ; ses traits, ordinairement pâles, sont légèrement colorés ; ses grands yeux noirs brillent d'un vif éclat, et sa beauté paraît plus remarquable encore. Le silence se rétablit enfin.)

« *M. le président, montrant le fond de la salle.*
— Déjà, deux fois, j'ai entendu de ce côté les manifestations les plus inconvenantes ; si elles se renouvellent encore, je ferai immédiatement sortir cette portion turbulente du public.

« (Le silence le plus profond règne alors dans l'auditoire.)

« *M. le président à l'accusée, d'un ton sévère.*
—Accusée, levez-vous. Tous les systèmes de

défense doivent être respectés; mais une défense qui se base sur les plus indignes calomnies ne peut qu'aggraver la position du prévenu. Comment! malheureuse femme que vous êtes, vous osez déverser l'outrage! Sur qui? Sur le père et sur la mère de votre victime, qui, à cette heure peut-être, dispute sa vie à une mort horrible! (Profonde sensation.)

« *L'accusée*. — Vous me prenez pour une menteuse; c'est inutile que je parle.

« M⁰ *Dumont*, défenseur de l'accusée. — M. le président me permettra-t-il de soumettre à la cour une observation dans l'intérêt de la défense? Pris, je l'avoue, très au dépourvu par les nouvelles révélations de l'accusée, car, malgré mes vives prières, elle ne s'est pas montrée plus confiante envers moi qu'envers M. le juge d'instruction... aussi n'hésité-je pas à affirmer que la prévenue, ainsi que le prouve d'ailleurs son attitude à l'audience, ne jouit pas pleinement de sa raison ; d'autres faits corroborent cette opinion, et je citerai entre autres.,.

« *M. le président.* — Pardon si je vous interromps, maître Dumont. Lors de la défense de la prévenue, vous plaiderez les moyens qui vous sembleront utiles à votre cause, mais ce n'est pas ici le moment. Vous aviez demandé à la cour la permission de lui soumettre une observation ; veuillez la présenter.

« *Mᵉ Dumont.* — Cette observation, la voici, monsieur le président : il se peut que, pour *notre* défense, *nous* ayons besoin d'établir que M. le prince de Morsenne *nous* a poursuivi de honteuses propositions pour obtenir *nos* faveurs. (Hilarité générale.)

« *M. le président.* — Ces rires sont indécents !

« *M⁰ Dumont.* — *Nous* avons donc le droit de chercher à prouver que les antécédents de M. le prince de Morsenne sont d'une moralité au moins douteuse.

« *Un de MM les jurés, avec beaucoup de trouble et d'embarras.* — Monsieur le président, je... je.. j'aurais... C'est-à-dire non... rien... pardon... Cependant si... pardon... (*M. le juré, dont la timidité paraît excessive, devient très rouge et ne peut continuer; il se trouble da-*

vantage et se rasseoit. — On rit plus fort.)

« *M. le président à l'auditoire.* — Encore une fois, ces rires sont de la dernière inconvenance. (*Se tournant vers le juré.*) Veuillez, monsieur, expliquer votre pensée.

« *M. le juré, après une longue hésitation.* — N'ayant pas l'habitude de parler en public, je me trouve un peu... un peu... interloqué. (On rit. — *Avec un trouble croissant.*) Mais je voudrais... je voudrais éclairer ma conscience.

« *M. le président.* — Remettez-vous, monsieur le juré, vous serez écouté avec la déférence à laquelle vous avez droit.

« *M. le juré.* — Est-ce qu'on ne pourrait pas rappeler madame la princesse et madame la baronne, qui ont peut-être fini de se trouver mal (On rit), et leur faire jurer leur parole d'honneur la plus sacrée qu'elles n'ont jamais eu... les amourettes dont parle madame l'accusée (On rit.); et, d'un autre côté, demander à celle-ci si elle a réellement vu les autres... les dames... vous m'entendez bien ? Alors on saurait s'il est vrai que M. le prince... a voulu en conter à l'accusée; car enfin, qui a bu boira... vous m'entendez bien ? (Rire général et prolongé. — *M. le juré se rasseoit en disant*) : Dame !... je voudrais éclairer ma conscience, moi !...

« *M. le président.* — Je ferai observer à M. le juré que madame la princesse de Morsenne et madame la baronne de Robersac ne sont pas ici en cause, et je répondrai par la même occasion à Mᵉ Dumont que, dans l'intérêt même de l'accusée, il devrait s'abstenir de donner suite à d'odieuses insinuations. Du reste, il n'entre pas dans ma pensée d'entraver en rien la liberté de la défense ; mais je la rappellerai toujours au respect qu'elle doit à la cour et qu'elle se doit à elle-même, lorsqu'elle voudra s'appuyer sur l'injure et sur la calomnie. — (*A l'accusée*) Continuez, et si malheureusement vous persistez dans vos déplorables allégations, renfermez-vous absolument dans ce que vous prétendez être personnel à vous et à M. le prince de Morsenne.

« *L'accusée, brusquement.* — On ne me croit pas, je ne répondrai plus.

« *M. le président.* — Vous avez dit tout à

l'heure que vous avez voulu vous venger de la famille de madame de Beaupertuis, des chagrins qu'elle vous avait causés. De quels chagrins voulez-vous parler? Expliquez-vous.

« *L'accusée.* — Je n'en veux pas dire davantage.

« *M. le président.* — Maria Fauveau, vous avez tort, grand tort. Ces demi-aveux, sans cesse mêlés de réticences, sont un système de défense déplorable ; une entière franchise, un repentir sincère, pourraient seuls vous mériter, peut-être, l'indulgence de vos juges.

« *L'accusée, d'un air sombre et égaré.* — J'ai vu tout à l'heure à quoi ça sert de dire la vérité ; on ne m'y reprendra plus. D'ailleurs, je le sais bien, je suis condamnée d'avance : c'est mon sort de mourir sur l'échafaud, cela devait arriver. Que je puisse seulement passer mon dernier jour avec ma petite fille, je n'en demande pas davantage. (Sensation profonde.)

M. le président. — Aucun accusé n'est condamné d'avance, et quand vous dites, ce que vous avez d'ailleurs plusieurs fois répété pendant l'instruction, que vous vous attendez à mourir sur l'échafaud, que cela devait vous arriver, vous parlez comme si vous étiez privée de votre raison. Aussi M. le juge d'instruction a dû penser que ce n'était pas sans calcul que vous affectiez ainsi parfois un égarement d'esprit passager. On vous a soumise à l'exploration des médecins, et ils sont tombés d'accord sur ce point que vous jouissiez de toutes vos facultés mentales.

« *M⁰ Dumont*, défenseur de la prévenue. — Ce n'est pas seulement à M. le juge d'instruction que l'accusée a tenu ce langage : à toutes mes instances, afin d'obtenir d'elle les aveux, les renseignements indispensables à sa défense, elle m'a toujours répondu d'un air égaré : A quoi bon se défendre? je suis condamné d'avance à mourir... Ce n'est pas d'aujourd'hui que je le sais. C'est mon sort; on ne peut rien faire contre son sort. (Sensation.)

M. le président. — Maître Dumont, je vous fais observer de nouveau que ce moyen, basé sur l'aliénation mentale dont vous supposez la prévenue atteinte, trouvera sa place dans votre plaidoirie.

« *L'accusée, énergiquement.* — Je ne suis pas folle, je sais ce que je dis; ce que je dis est la vérité. Il faut que la destinée de chacun s'accomplisse.

« (Ces mots, prononcés par l'accusée d'un air sombre et hagard, causent une nouvelle sensation.)

« *M. le président.* — Encore une fois, accusée, croyez-moi, renoncez à ce système, la justice n'est jamais dupe de ces simulacres d'aliénation. A part une exaltation qui paraît naturelle à votre caractère, vous jouissez de toute la plénitude de votre raison, ainsi que le prouve à l'audience la lucidité de la plupart de vos réponses. Nous allons continuer votre interrogatoire. D'après vos aveux récents, vous êtes entrée au service de madame la duchesse de Beaupertuis dans le dessein de vous venger d'elle ou de sa famille?

« *L'accusée, brusquement.* — Oui.

« *M. le président.* — Quelle vengeance espériez-vous tirer de cette dame?

« *L'accusée, impatiemment.* — Je ne répondrai rien là-dessus. On ne me croirait pas, et d'ailleurs, pour m'expliquer, il faudrait...

« *M. le président.* — Il faudrait...

« *L'accusée, brusquement.* — Il faudrait faire une infamie, je ne la ferai pas. Ne m'interrogez plus à ce sujet, je serai muette, et puis enfin toutes ces questions me fatiguent, me torturent. Dépêchez-vous, je suis à bout.

« *M. le président.* — Il est de votre devoir d'abord, et ensuite de votre intérêt, de répondre avec respect, avec sincérité, aux questions que l'on vous adresse pour éclairer la justice. Puisque vous ne voulez rien dire de vos projets de vengeance, passons à d'autres questions. Quelque temps après votre entrée chez madame la duchesse de Beaupertuis, elle a commencé de ressentir les premières atteintes d'une maladie étrange, qui a longtemps paru inexplicable aux médecins.

« *L'accusée.* — C'est possible.

« *M. le président.* — Telle était son affection pour vous, que madame la duchesse voulait que vous fussiez seule chargée de la soigner.

« *L'accusée, brusquement.* — Oui.

« *M. le président.* — Ainsi, vous reconnaissez vous être seule acquittée de ce soin pendant la maladie de madame la duchesse, et avoir vous-même préparé, dans la théière que voici comme pièce de conviction, le breuvage qui a été analysé le jour même de votre arrestation?

« *L'accusée, levant les yeux au ciel avec une expression de fatigue et d'impatience.* — Oh! quel supplice, mon Dieu! quel supplice! Quand ça finira-t-il donc?

« *M. le président.* — Vous me répondez,

depuis quelques moments, avec une distraction et une impatience affectées. Cela est inconvenant, je vous le répète. Le breuvage préparé par vous dans cette théière a été analysé, le jour même de votre arrestation, par des experts ; ils y ont reconnu une dose considérable d'un poison terrible, d'acétate de morphine.

« *L'accusée, haussant les épaules.* — Eh bien! si l'on a trouvé du poison dans cette théière, c'est qu'il y en avait.

« *M. le président.* — Ce poison, vous êtes accusée de l'y avoir mis.

« *L'accusée, avec un éclat de rire sardonique.* — A la bonne heure!

« *M. le président.* — Répondez catégoriquement. Avez-vous, oui ou non, mis du poison dans cette théière?

« *L'accusée, toujours sardonique.* — Il le faut bien, puisque sans cela je ne serais pas condamnée!

« *M. le président.* — Ainsi, vous avouez avoir préparé ce breuvage empoisonné?

« *L'accusée, redoublant d'ironie.* — Certainement, certainement! (Sensation prolongée.)

« *M. le président.* — Vous reconnaissez également ce flacon trouvé en votre présence caché sous des mouchoirs au fond de votre commode, et renfermant encore une grande quantité d'acétate de morphine? Avouez-vous que ce flacon a été par vous rempli de poison pour un criminel usage?

« *L'accusée, qui semble de plus en plus égarée et sardonique.* — On l'a trouvé dans ma commode, ce flacon! A qui pouvait-il être, sinon à moi! Qui pouvait l'avoir mis là, ce flacon? moi ou le démon...

« *M. le président.* — Cette réponse est encore empreinte de cette insanité feinte signalée dans l'instruction. Répondez sérieusement.

« *L'accusée, avec une explosion de colère, d'impatience et d'égarement.* — Eh bien! oui, j'ai mis du poison dans le breuvage, dans tout! j'en avais dans ma commode, j'en avais sur moi, j'en avais partout, du poison! Oui, oui, c'est moi qui ai empoisonné madame de Beaupertuis! Etes-vous content maintenant? C'est cet aveu qu'il vous fallait, n'est-ce pas? Eh bien! le voilà! Mais maintenant, pour l'amour de Dieu, laissez-moi tranquille! Mon affaire est faite, je suis une empoisonneuse, c'est entendu, n'en parlons plus, et surtout ne me parlez plus, car vous me hacheriez en morceaux, que vous ne me feriez pas répondre un mot!

« En effet, malgré les pressantes et nombreuses interpellations de M. le président, l'accusée reste muette et impassible; ses yeux sont fixes; de temps à autre un tressaillement nerveux contracte ses traits.)

« M. le président, obligé de renoncer à l'interrogatoire de Maria Fauveau, ordonne d'introduire la seconde accusée, Clémence Duval.

« Au moment où celle-ci entre, un audiencier s'avance au pied de la cour et dit :

« — Monsieur le président, MM. les docteurs Bailly et Olivier (d'Angers) se sont présentés chez madame de Beaupertuis, qui a affirmé se sentir assez forte pour se rendre à l'audience. (*Mouvement prolongé.*) Mais il est à craindre que madame la duchesse n'ait trop présumé de ses forces, car, pendant le trajet de son hôtel ici, elle a déjà éprouvé deux défaillances. Pourtant elle se trouve en ce moment en état de paraître devant la cour, et tâchera d'avoir la force de répondre aux questions qui lui seront adressées.

« *M. le président.* — J'ordonne que madame la duchesse de Beaupertuis soit introduite.

« (Mouvement de curiosité inexprimable. Tous les regards se fixent sur Maria Fauveau : elle reste dans un état d'impassibilité qui dénote ou l'altération de sa raison, ou la plus froide ou la plus grande cruauté.) »

X

« Au moment où l'on va introduire madame la duchesse de Beaupertuis, M. le président, s'adressant à l'auditoire, dit d'une grave :

« — Nous prions les personnes qui assistent à cette audience de ne pas faire le moindre mouvement lorsque madame la duchesse de Beaupertuis entrera ; nous espérons que dans cette circonstance, la curiosité cédera au respect que doit inspirer la position du témoin. (*Approbation générale ; un profond silence s'établit.*)

« Madame la duchesse de Beaupertuis est introduite.

« Cette dame paraît être d'une faiblesse extraordinaire ; deux domestiques en grande livrée la portent assise dans un fauteuil. Madame la princesse de Morsenne, mère de madame la duchesse, marche d'un côté du fauteuil, tandis que M. le duc de Beaupertuis marche de l'autre ; il tient une petite tasse de vermeil et une fiole contenant sans doute un breuvage réconfortant, car à peine le fauteuil où est étendue madame de Beaupertuis a-t-il été placé près du tribunal, que cette dame semble éprouver une nouvelle défaillance. Aussitôt son mari lui verse et lui présente quelque peu de la potion qu'il a apportée. La duchesse boit avec avidité, en se soulevant de son fauteuil, où elle retombe bientôt. Cette dame est complètement enveloppée d'une sorte de long burnous de cachemire blanc, dont le capuchon enveloppe sa tête. Elle est d'une telle pâleur que sans les bandeaux de cheveux châtains qui encadrent son front, la mate blancheur de son visage se confondrait avec celle du burnous. Malgré la maigreur des traits de madame de Beaupertuis, on voit qu'elle a dû être d'une remarquable beauté. Ses grands yeux bruns, languissants et à demi fermés, brillent d'un éclat fiévreux ; un sourire douloureux donne à sa figure une expression de souffrance inexprimable; ses belles mains, si amaigries que le réseau bleuâtre des veines fait saillie sous la peau presque diaphane, pendent inertes au dehors des larges manches du burnous.

» A ce tableau, une impression générale de compassion se manifeste dans l'auditoire, et efface complètement les quelques velléités de pitié que le réel ou feint égarement d'esprit de Maria Fauveau avait éveillées en sa faveur. C'est un sentiment tout contraire, un mélange d'horreur et d'aversion, qui semble se lire sur toutes les physionomies lorsque l'accusée se trouve ainsi face à face avec sa victime.

« Cependant, par une contradiction

étrange, Maria Fauveau jette sur madame de Beaupertuis un regard attendri qui se mouille peu à peu de larmes abondantes ; tandis que Clémence Duval, la seconde accusée, ne songeant plus à dérober ses traits aux yeux du public, joint les mains avec effroi, à la vue de la figure cadavéreuse et presque mourante de madame la duchesse de Beaupertuis, et semble partager l'attendrissement de Maria Fauveau.

« *M. le président à M. de Beaupertuis.* — Monsieur le duc, croyez-vous madame la duchesse assez remise de la fatigue que lui a causée sa translation ici, pour répondre à quelques questions que je vais avoir l'honneur de lui adresser ?

« (M. de Beaupertuis se penche un instant

vers sa femme, échange quelques mots avec elle, et après lui avoir fait boire un peu de breuvage réconfortant, répond d'une voix très-émue) :

« — Monsieur le président, madame de Beaupertuis, quoique excessivement faible, fera son possible pour répondre.

« M. le duc de Beaupertuis porte son mouchoir à ses yeux et paraît en proie à une grande affliction. (*Profond silence. — Mouvement d'attention et de curiosité inexprimable.*)

« *M. le président à l'accusée.* — Maria Fauveau, levez-vous et approchez.

« (L'accusée se lève et s'avance au milieu du prétoire, presqu'en face du fauteuil de madame de Beaupertuis.)

« *M. le président*. — Madame la duchesse, reconnaissez-vous l'accusée?

« *Madame de Beaupertuis, d'une voix faible, après avoir jeté les yeux sur Maria Fauveau.* — Oui, monsieur.

« *M. le président.* — Veuillez, madame, si cela ne vous fatigue pas trop, nous dire par suite de quelles circonstances l'accusée est entrée à votre service.

« *Madame de Beaupertuis, d'une voix si faible, que c'est avec beaucoup de peine que nous saisissons les paroles suivantes :* — Une de mes femmes, mademoiselle Désirée Buisson, qui me servait depuis longtemps, voulait retourner dans son pays. J'avais besoin d'une personne sûre et de confiance. Désirée Buisson me parla de madame Fauveau; sa malheureuse position la rendait digne d'un vif intérêt; elle n'avait pas, il est vrai, l'habitude du service; cet inconvénient devait être racheté par le zèle et la sûreté que je trouverais, et elle...

« (Madame la duchesse de Beaupertuis semble épuisée par ces quelques paroles ; sa tête retombe sur le dossier de son fauteuil. M. le duc de Beaupertuis se penche vivement, tire de sa poche un flacon, verse quelques gouttes de son contenu sur un mouchoir et le fait respirer à sa femme. Au bo ude quelques instants, M. le président, s'adressant à madame de Beaupertuis) :

« — Pouvez-vous maintenant, madame la duchesse, continuer de répondre ?

« *Madame de Beaupertuis*. — Oui, monsieur.

J'acceptai donc, malgré son inexpérience, les services de Maria. Je n'ai jamais eu qu'à me louer d'elle ; je crois lui avoir bien souvent prouvé et exprimé ma satisfaction.

« (En disant ces derniers mots d'une voix presque éteinte, madame la duchesse se tourne vers l'accusée, qui cache sa figure entre ses mains en sanglottant.)

« *M. le président, à madame de Beaupertuis.* — Je crains, madame la duchesse, que cet interrogatoire ne vous fatigue trop. Nous le suspendrons, si vous le désirez.

« *Madame de Beaupertuis, d'une voix encore plus faible.* — Je ne sais si c'est l'effet du froid ou du changement de lieu... mais, depuis que je suis sortie... de chez moi... je ressens... des frissons singuliers... Cependant... veuillez continuer de m'interroger... monsieur... je tâcherai de vous répondre... Si j'ai trouvé la force de venir ici... malgré les observations des médecins... c'est que je voulais... à tout prix... témoigner en faveur de... Maria. (Profonde sensation.)

« *M. le président.* — Vous savez cependant, madame la duchesse, que la femme Fauveau est accusée d'avoir commis sur vous une tentative d'empoisonnement. Grâce à Dieu, ce ne sera qu'une tentative, mais les plus graves présomptions semblent évidemment prouver que Maria Fauveau est coupable de ce crime horrible...

« *Madame de Beaupertuis.* — Il faudrait pour qu'elle l'eût commis qu'elle fût un monstre d'hypocrisie. Il m'est impossible de croire à cela ; jamais son zèle, son attachement, ne se sont démentis un seul instant, et d'ailleurs, depuis qu'elle est en prison, Maria m'a donné une preuve de dévoûment et de fidélité... qui me ferait presque lui pardonner... son crime... si elle l'avait commis... (Et faisant un nouvel effort pour se tourner vers l'accusée, madame la duchesse ajoute :) — Vous... me comprenez... ma pauvre Maria...

« (En prononçant ces derniers mots, qui produisent une nouvelle et profonde sensation dans l'auditoire, madame de Beaupertuis semble frissonner de tous les membres.)

« *M. le président, à madame de Beaupertuis.* —Je dois reconnaître, madame la duchesse, que votre témoignage est favorable à l'accusée, en ce qui touche du moins les apparences de son zèle et de son dévoûment pour vous ; cependant, je dois vous faire connaître certains aveux récents de Maria Fauveau. Ainsi, à l'audience d'aujourd'hui, elle a positivement déclaré qu'elle avait sollicité avec empressement la faveur de remplacer la fille Désirée Buisson auprès de vous, afin de profiter de ce moyen de s'introduire chez vous, madame la duchesse, et de satisfaire sa vengeance.

« *Madame de Beaupertuis.* — Sa vengeance ! contre qui, monsieur ?

« *M. le président.* — Contre vous et votre famille, madame la duchesse.

« *Madame de Beaupertuis, avec un profond*

étonnement. — Se venger de moi et de ma famille ?... Quel mal lui avons-nous fait ?

« Puis se tournant vers l'accusée.

« — Vous venger de moi, Maria ? Que vous avais-je fait ? Tant que vous êtes restée à mon service, j'ai tâché de vous témoigner ma satisfaction de votre zèle ; et avant votre entrée chez moi, je ne vous connaissais pas.

« (Madame la duchesse éprouve une nouvelle défaillance ; sa mère et son mari s'empressent autour d'elle.)

« *M. le président, à Maria Fauveau.* — Vous entendez la réponse de madame la duchesse ? Persistez-vous dans votre odieux mensonge ?

« *Maria Fauveau.* — J'ai dit la vérité.

« (Murmure d'indignation dans l'auditoire.)

« *Madame de Beaupertuis, au président.* — Monsieur... tout ce que je puis vous affirmer, c'est que Maria, s'accusât-elle devant moi de ce crime affreux... je ne la croirais pas. Mais, pardon, cette nouvelle émotion... je suis épuisée...

(A cette nouvelle défaillance, M. le duc, dont les larmes ne cessent pas de couler, prodigue ses soins à sa femme, dont la pâleur fait bientôt place à une lividité sinistre.)

« *M. le président.* — Madame la duchesse paraît si fatiguée, que je me bornerai seulement à une ou deux questions de la plus haute importance. Il s'agirait de savoir de madame la duchesse si, ainsi qu'il a été établi dans l'instruction, et par les aveux mêmes de Maria Fauveau, celle-ci était la seule personne qui lui présentât habituellement ses breuvages, et si madame la duchesse ne se rappelle pas quelques particularités à ce sujet.

« *Madame de Beaupertuis, d'une voix si faible qu'elle parvient à peine jusqu'à nous* — Je me sens... épuisée... il me semble qu'un froid glacial m'envahit le cœur... Cependant... je vais tâcher... de me souvenir... et de répondre. »

(M. le duc, voulant sans doute réconforter sa femme, lui fait de nouveau respirer un liquide qu'il a versé d'un flacon et lui en imbibe aussi les lèvres.)

« *M. le président.* — Pour bien préciser ma

question, madame la duchesse, et ne pas abuser plus longtemps de votre courage, je vous demande si Maria Fauveau était la seule personne des mains de laquelle vous receviez vos breuvages, et s'ils étaient ordinairement préparés par elle, par elle seule.

« *Madame de Beaupertuis, d'une voix presque éteinte et avec effort.* — J'avais l'habitude de... ne rien prendre... que de la main de Maria... C'était... une... fantaisie... de malade... et... je...

« (Il nous est impossible d'en entendre davantage ; la voix de madame la duchesse expire tout à coup sur ses lèvres, sa tête se renverse pesamment en arrière, et un mouvement spasmodique raidit tous ses membres. Madame la princesse de Morsenne se précipite vers sa fille, ainsi que M. de Beauperluis, qui s'écrie d'une voix déchirante, en se jetant aux genoux de sa femme :

« — Au secours !... Elle se meurt ! mon Dieu ! elle se meurt !

« A ces terribles paroles, l'émotion, l'épouvante sont à leur comble dans l'auditoire ; tout le monde est debout et se presse en tumulte ; la cour elle-même, cédant à cet entraînement, se lève de ses siéges. De leur côté, Maria Fauveau et Clémence Duval, sans en être empêchées par les gardes municipaux atterrés, quittent spontanément leurs bancs et s'élancent auprès de la duchesse, sans doute pour aider à la secourir.

« A cet instant, nous entendons derrière nous et sortant de l'auditoire, une voix de femme qui dit tout haut ces paroles, dont nous ne comprenons pas le sens :

« — *Vous voilà toutes trois réunies ; souvenez-vous de la rue Sainte-Avoye !*

« Nous n'aurions pas inséré dans notre compte-rendu des débats cette observation toute personnelle, si, à ce moment même, ayant par hasard les yeux fixés sur le groupe qui entourait madame la duchesse de Beaupertuis mourante, il ne nous avait semblé voir Clémence Duval et Maria Fauveau tressaillir et se regarder avec épouvante en entendant ces mots dont nous avions été nous-mêmes frappés : *Souvenez-vous de la rue Sainte-Avoye ; vous voilà toutes trois réunies !* — puis soudain tomber à genoux, comme écrasées par quelque pensée accablante. Encore une fois, nous ne mentionnons que sous toute réserve ce détail qui nous est tout personnel ; nous pouvons nous être trompés sur l'impression que les paroles précédentes si énigmatiques nous ont paru causer aux deux accusées, impression qui avait peut-être un autre motif. Ces paroles enfin ont pu ne pas parvenir jusqu'aux oreilles de Maria Fauveau et de Clémence Duval, car c'est par hasard que nous-mêmes (nous seuls peut-être) les avons saisies au milieu du tumulte inexprimable causé par l'agonie de madame la duchesse de Beaupertuis.

« Bientôt on entend la sonnette et la voix de M. le président dominer l'agitation générale ; les gardes municipaux font relever les deux accusées et les ramènent à leurs bancs, où elles tombent anéanties.

« A ce moment, M. le président s'écrie d'une voix altérée :

« — Place ! place à M. le docteur Olivier (d'Angers) !

« En effet, l'habile médecin, qui était resté à l'audience, derrière la cour, traverse rapidement le prétoire, écarte à grand'peine les personnes de la famille de madame de Beaupertuis qui se pressaient autour d'elle, saisit une de ses mains pour consulter son pouls, et se penche avec anxiété vers ce corps qui semble inanimé.

« Aussitôt un morne silence succède à l'agitation, toutes les respirations sont suspendues, en attendant l'arrêt de vie ou de mort que le docteur va prononcer.

« Au bout de quelques secondes d'une inexprimable anxiété, M. Olivier (d'Angers), se retournant vers la cour, pâle et profondément ému, dit d'une voix altérée :

« — Monsieur le président, il ne reste malheureusement aucun espoir : madame la duchesse de Beaupertuis a cessé de vivre.

« Il nous est impossible de rendre la consternation qui règne dans l'auditoire après les paroles de M. le docteur Olivier (d'Angers). La principale accusée semble en proie à un délire effrayant ; elle pousse des cris entrecoupés de sanglots étouffés, tandis que la seconde accusée perd connaissance et est emportée hors de la salle.

« *M. le président.* — L'audience est remise

à demain. J'ordonne que la salle soit à l'instant évacuée. Les seuls membres de la famille de Beaupertuis pourront rester ici. Que l'on reconduise les accusées en prison.

« La cour se retire ; la foule s'écoule lentement, et au moment où nous quittons la salle, nous entendons la voix déchirante du duc de Beaupertuis qui s'écrie :

« — Ma femme ! ma femme ! ma pauvre femme ! »

Le colonel Butler a terminé la lecture de l'*Observateur des Tribunaux*.

Le silence est profond, l'émotion pleine d'angoisse, car, au moment où le colonel a lu ces mots : « Madame la duchesse de Beaupertuis a cessé de vivre », Anatole Ducormier, resté à côté de la table où il vient d'écrire, s'y est brusquement accoudé en cachant sa figure entre ses mains, et paraissant comprimer ses sanglots.

En présence de la poignante douleur que semble éprouver Ducormier, apprenant ainsi soudain la mort de la fille de son bienfaiteur, le prince royal et les autres personnes n'osent prononcer d'abord une parole. Madame la comtesse Ducormier se lève doucement, et se rapproche de son mari, sur qui tous les regards sont attachés avec l'expression du plus touchant intérêt.

Le prince royal, très ému lui-même, va

dire quelques mots à l'oreille de la duchesse de Spinola et de la comtesse Lowestein ; celles-ci répètent à leur tour les paroles du prince aux autres personnes, et bientôt tout le monde sort en silence et sur la pointe du pied, afin de laisser Ducormier à sa douleur. Le prince royal seul, après un moment d'hésitation, revient auprès de la table où le comte est toujours accoudé, la tête cachée entre ses deux mains, pendant que sa femme le regarde avec compassion.

LE PRINCE ROYAL, *d'une voix très attendrie, posant légèrement une de ses mains sur l'épaule de Ducormier.*

Comte, n'oubliez pas, dans le chagrin qui

vous frappe, que vous avez un ami, un ami sincère, et que ses consolations du moins ne vous manqueront pas.

DUCORMIER, *relevant son visage baigné de larmes et avec un accent déchirant.*

Ah! monseigneur, le contre-coup de l'affreux malheur qui frappe cette famille me brise le cœur!

LE PRINCE ROYAL, *lui serrant les mains avec effusion.*

Parce que ce cœur est le meilleur, le plus tendre qui soit au monde. Adieu. Je sais que dans le premier moment d'un pareil chagrin on a besoin d'être seul, et que les plus sincères consolations vous pèsent. Ce soir j'irai vous voir ; je vous laisse auprès de celle qui a le droit de partager vos peines. Allons, adieu, mon cher comte, mon pauvre ami !

(Le prince, après s'être incliné devant la comtesse Ducormier, sort en jetant un dernier regard de touchante compassion sur Ducormier.)

LA COMTESSE DUCORMIER, *vivement à son mari, après le départ du prince.*

Avez-vous entendu ? Le prince vous a dit : Courage, mon pauvre ami... Le prince vous a appelé son ami ! (Avec une explosion de joie, de triomphe et d'orgueil.) L'ambassade est à nous!

DUCORMIER, *avec un soupir et en essuyant ses yeux.*

Il faut bien l'espérer, ma chère.

FIN DU CINQUIÈME VOLUME

— SCEAUX. — IMPRIMERIE DE E. DÉPÉE. —

Chez les mêmes Éditeurs.

EN VENTE:

LE CHATEAU DES DÉSERTES,

PAR

GEORGE SAND.

2 volumes in-8°. — Prix : 12 francs.

LES GAITÉS CHAMPÊTRES,

PAR

JULES JANIN.

2 volumes in-8°. — Prix : 12 francs.

SOUS PRESSE :

LE PAYS LATIN,

PAR

HENRY MURGER.

1 volume grand in-18. — Prix : 3 francs.

SCÈNES ET PROVERBES,

PAR

OCTAVE FEUILLET.

1 volume grand in-18. — Prix : 3 francs.

LES EXCENTRIQUES,

PAR

CHAMPFLEURY.

1 volume grand in-18. — Prix : 3 francs.

Paris.—Typ. de Mme Ve Dondey-Dupré, rue Saint-Louis, 46, au Marais.

www.ingramcontent.com/pod-product-compliance
Lightning Source LLC
Chambersburg PA
CBHW060416170426
43199CB00013B/2159